Ce que l'industrie attend des banques

Vincent Charlet (dir), *Ce que l'industrie attend des banques,*
Les Docs de La Fabrique, Paris, Presses des Mines, 2024.

ISBN : 978-2-38542-637-8

60, boulevard Saint-Michel – 75272 Paris Cedex 06 – France
presses@mines-paristech.fr
www.pressesdesmines.com

81, boulevard Saint-Michel – 75005 Paris – France
info@la-fabrique.fr
www.la-fabrique.fr

Photo de couverture : StudioM1/iStockphoto

Mise en page : Corentin Echivard

Dépôt légal 2024

Achevé d'imprimer en 2025 – Imprimeur Chirat – 42540 Saint-Just-la-Pendue

Cet ouvrage est imprimé avec des encres végétales sur papiers issus de forêts gérées durablement.

Ce que l'industrie attend des banques

Sous la direction de Vincent Charlet

IFCAM
L'UNIVERSITÉ DU GROUPE

La Fabrique de l'industrie
laboratoire d'idées

Déjà parus

Dans la collection des Docs de La Fabrique, aux Presses des Mines

C. Lucas et P. Marion, *Recherche et innovation : comment rapprocher sphères publique et privée ?*, 2022.

M. Sailly, A. Johansen, P. Tengblad et M.van Klaveren, *Dialogues social et professionnel : comment les articuler ?*, 2022.

A.-S. Dubey et S. Bellit, *Les jeunes élites face au travail, Regards croisés entre Polytechnique et Harvard*, 2023.

P. Larrue, *Répondre aux défis sociétaux : le retour en grâce des politiques « orientées mission » ?*, 2023.

C. Granier, *Le bassin industriel d'Alès, une histoire de reconversions*, 2023.

L. Gaget et M. Nguyen van Mai, *ETI et talents : les clés pour que ça matche*, 2024.

G. Audren de Kerdrel et A. Fontaine, *Et si la sobriété n'était plus un choix individuel*, 2024.

Dans la collection des Notes de La Fabrique, aux Presses des Mines

D. Lolo et A. Diop, *Les grandes entreprises sur la voie de la sobriété*, 2023.

S. Bellit et V. Charlet, *L'innovation de rupture, terrain de jeu exclusif des start-up ?*, 2023.

P. Duarte *et al.*, *Foncier industriel et stratégies publiques locales : une articulation imparfaite*, 2024.

F. Ferchaud *et al.*, *Aménager la ville productive*, 2024.

D. Lolo, *L'industrie est-elle plus verte ailleurs ?, La France face à l'Allemagne*, 2024.

Avant-propos

Le Crédit agricole est devenu la dixième banque mondiale mais reste la première banque de proximité en France. Au fil des 130 ans de son histoire, il a successivement répondu à différents défis comme le financement de l'agriculture, l'électrification des territoires, la bancarisation des ménages et enfin l'encadrement des crédits. Aujourd'hui, il doit s'inscrire pleinement dans la démarche de réindustrialisation de la France dans laquelle s'est engagé l'exécutif, à la fois en tant qu'intermédiaire entre les déposants et les emprunteurs pour favoriser l'accès à des actifs industriels tels que les usines et les machines, mais aussi en tant qu'accompagnant des porteurs de projets industriels.

C'est pourquoi, l'Ifcam, l'université interne du groupe Crédit agricole, a demandé à La Fabrique de l'industrie d'organiser un atelier sur l'industrie à destination des présidents et directeurs généraux de ses 39 caisses régionales et des dirigeants du groupe CSAS. Quels sont les freins à lever pour réindustrialiser notre pays ? Comment les banques peuvent-elles participer à cet effort ? Pour répondre à ces questions, le 18 juin 2024, des personnalités expertes de l'industrie et du développement économique ont répondu à l'appel de La Fabrique de l'industrie. Présentant tour à tour leur vision de l'industrie et de ses besoins, elles ont également répondu sans détour aux questions des participants.

Compte tenu de l'importance de ces témoignages, La Fabrique de l'industrie a souhaité les verser au débat public dans le cadre de cet ouvrage. Nous espérons que celui-ci offrira au monde bancaire et aux décideurs publics de quoi nourrir leur réflexion sur les moyens de réindustrialiser la France. Les étudiants, les chercheurs et toutes les personnes intéressées par ces questions, y trouveront également des éclairages utiles pour comprendre comment le pays s'est désindustrialisé et quels sont les obstacles à franchir aujourd'hui pour retrouver une dynamique industrielle.

Vincent Charlet,
délégué général de La Fabrique de l'industrie
et Guillaume Lefebvre,
directeur général de l'Ifcam

Remerciements

Nous tenons à remercier les orateurs du colloque « Les banques au service de la réindustrialisation » qui s'est tenu le 18 juin 2024 à Paris : Pierre-André de Chalendar, Nicolas Dufourcq, Camille Étévé, Louis Gallois, Caroline Granier, Sarah Guillou, Dorothée Kohler, Élisabeth Klein et Ulrike Steinhorst. En se rendant disponibles pour participer à cet événement, ils ont apporté des éclairages essentiels à la compréhension de l'industrie et de ses besoins. Tous ont en outre accepté que leurs propos soient reportés dans le cadre de cet ouvrage : qu'ils en soient ici remerciés.

Nous remercions aussi Élisabeth Bourguignat qui a réalisé un compte rendu fidèle des débats sur lequel nous avons pu nous appuyer pour réaliser cet ouvrage.

Nous remercions également les équipes de l'université du groupe Crédit agricole, l'Ifcam, et de la Fabrique de l'industrie qui ont rendu possible la tenue de ce colloque.

Nous tenons enfin tout particulièrement à remercier l'École des mines pour son accueil et les participants à ce colloque qui ont contribué à enrichir cette réflexion collective : Catherine Barnel, Laurent Bennet, Arnaud Bodolec, Franck Buffon, Éric Campos, Daniel Connart, Émilie Daudin-Clavaud, Jean-Jacques Deniel, Grégory Erphelin, Guy Guillaume, Lionel Lanquar, Denis Piard, Pascal Quineau, Didier Reboul, Bruno Tardieu, Guillaume Vanthuyne, France Villette, Valérie Wanquet.

Sommaire

Introduction

Le président de la République, Emmanuel Macron, a fait de la réindustrialisation de la France un axe majeur de ses deux quinquennats avec un objectif chiffré : remonter la part de l'industrie dans le PIB à 15 %[1].

Pour y parvenir, l'exécutif a notamment présenté en octobre 2021 un programme d'investissement sur cinq ans, le plan France 2030, doté d'une enveloppe globale de 54 milliards d'euros. Fin 2023, près de 30 milliards d'euros avaient déjà été engagés pour soutenir environ 3 700 projets[2].

Si ce plan est une amorce efficace et un signal mobilisateur, les montants engagés restent néanmoins insuffisants pour assurer la réindustrialisation du pays. Car il ne s'agit pas uniquement d'implanter de nouvelles usines, mais bien de faire en sorte que l'industrie française soit innovante, productive, compétitive, créatrice d'emplois et décarbonée. Or, derrière chacun de ces adjectifs se cachent des besoins en financement importants.

Comment les banques peuvent-elles accompagner ce mouvement de réindustrialisation ? Pourquoi ont-elles intérêt à renouer avec la culture du risque que représente l'industrie ? C'est à ces questions que tente de répondre cet ouvrage en donnant la parole à une dizaine de personnalités : économistes, dirigeants d'entreprises industrielles, hauts fonctionnaires, banquiers, chercheurs.

Causes de la désindustrialisation, rôle de la puissance publique, intervention de la banque publique d'investissement, dynamique industrielle des territoires, attentes des PME et des ETI, incidence de la décarbonation sur la santé financière des entreprises industrielles, etc. : les éclairages apportés par chacun des témoins offrent une vision synthétique d'une trajectoire de réindustrialisation et de ce qu'elle exige et suppose.

---

1 – La part de l'industrie dans le PIB a chuté de 17 % à 11 % entre 1995 et 2017. Elle a atteint son plus bas en 2022, à 9 % du PIB.

2 – Secrétariat général pour l'investissement (2024), *France 2030, Rapport d'activité 2023.*

Partie I – De la désindustrialisation au « réarmement industriel »

La désindustrialisation, qui a été particulièrement brutale en France, s'explique par un grand nombre de facteurs. Même s'il ne faut pas exonérer les politiques de leurs responsabilités et s'ils ont un rôle important à jouer dans la réindustrialisation, il ne suffit pas de décréter l'inversion du phénomène pour que celle-ci s'opère.

Sarah Guillou, Louis Gallois, Nicolas Dufourcq et Dorothée Kohler.

Sarah Guillou : « Toutes les causes de la désindustrialisation ne sont pas réversibles par une politique publique »

Inverser le processus de désindustrialisation demande d'abord d'en identifier les causes. C'est pourquoi Sarah Guillou, économiste à l'Observatoire français des conjonctures économiques (OFCE) au sein de Sciences Po, explique ce phénomène et les leçons qu'il est possible d'en tirer.

La désindustrialisation, un phénomène multifactoriel

Depuis les années 1990, la désindustrialisation a touché toutes les vieilles puissances industrielles, même si elle a été plus rapide en France, au Royaume-Uni ou aux États-Unis que, par exemple, en Espagne ou en Italie. On prête à la désindustrialisation une intentionnalité politique qui n'est pas forcément avérée. En réalité, ce phénomène s'explique essentiellement par le progrès technique qui permet de produire de la valeur ajoutée avec moins d'emplois, que ce soit grâce à la robotisation ou à la numérisation. Il est aussi lié à la globalisation et à la concurrence des puissances émergentes qui ont pris des parts de marché aux vieilles puissances industrielles en se montrant plus compétitives qu'elles dans certains secteurs.

À ceci s'ajoute l'intégration progressive du marché européen qui a conduit à ce que certains pays, comme l'Allemagne, se spécialisent plus que d'autres dans l'industrie en raison d'avantages comparatifs. Dans une première période, les quatre puissances industrielles européennes que sont la France, l'Italie, l'Espagne et l'Allemagne ont reculé au profit d'autres États membres de l'Union européenne, puis, à la suite de la crise des dettes souveraines, l'Allemagne est devenue le moteur industriel de l'Europe. Enfin, le contexte fiscalo-réglementaire a également compté dans les avantages comparatifs et les coûts de production relatifs entre pays européens et à l'international.

Des préférences sociétales, comme celles accordées à la finance par rapport à l'industrie, ou aux professions intellectuelles par rapport aux métiers manuels, ont pu également jouer un rôle. Depuis quelques années, une nouvelle préférence sociétale s'exprime en faveur de l'industrie, pour des raisons économiques et politiques. La pandémie du Covid a mis en évidence des situations de dépendance productive qui pouvaient s'avérer problématiques. Certains biens répondant à des besoins alimentaires, de sécurité, de santé, voire d'indépendance numérique, apparaissent désormais comme stratégiques.

L'échec du programme de relocalisation des industries

Pour autant, inverser le mouvement de désindustrialisation n'est pas simple, car cela nécessite d'agir sur l'ensemble des causes que j'ai citées. Or, toutes ces causes ne sont pas réversibles par une politique publique, comme l'a montré l'échec relatif du programme d'encouragement à la relocalisation des industries.

Sur les 100 milliards d'euros du plan France Relance[3], 34 milliards ont été fléchés vers la compétitivité et, en particulier, 1 milliard d'euros était destiné à abonder des fonds permettant de financer des investissements de relocalisation. Environ 500 projets ont ainsi pu être financés par l'intermédiaire de Bpifrance, pour un montant total d'environ 800 millions d'euros, mais une toute petite partie de cette somme a

3 – Lancé à l'été 2020, en pleine crise du Covid, ce plan de relance de l'activité a été construit autour de trois priorités : la transition écologique, la compétitivité des entreprises et la cohésion sociale et territoriale.

réellement été décaissée[4]. Manifestement, les entreprises qui ont délocalisé leur production ne reviennent pas en France au simple prétexte que l'État a décidé qu'elles devraient le faire. Une subvention ne suffit pas à rendre une décision d'investissement rationnelle économiquement. Il faut aussi que les conditions de marché permettent à cet investissement d'être rentable dans la durée, car on n'investit pas dans l'industrie manufacturière pour deux ou trois ans.
Certes, le contexte du Covid a fait prendre conscience à certaines entreprises qu'elles devaient modifier l'organisation de leur chaîne de valeur, et cela a pu jouer dans leur décision d'augmenter leurs capacités de production en France ou en Europe. Mais, à l'inverse, la guerre en Ukraine a eu pour conséquence une forte augmentation du coût de l'énergie, de nature à compromettre les relocalisations. Au total, très peu d'entreprises qui s'étaient complètement délocalisées sont revenues en France. Celles qui ont ouvert de nouvelles unités de production dans notre pays n'en étaient jamais complètement parties.

La réindustrialisation, une question européenne

Le financement de la réindustrialisation est une question clé qui se heurte à deux grandes difficultés : l'irréversibilité de certains investissements en R&D et la non-intégration du marché des capitaux. Si une entreprise française veut s'adresser à des investisseurs allemands ou belges, par exemple, elle sera confrontée à des règles de défaillance différentes. Intégrer le marché européen des capitaux permettrait de constituer un panel d'investisseurs à l'échelle européenne.

De la même manière, en dehors du nouveau concept de PIIEC (projets importants d'intérêt européen commun) sur des technologies clés comme les batteries, l'hydrogène ou les semi-conducteurs, les institutions européennes

---

4 – D'après un rapport de la Cour des comptes, à fin 2023, sur les 838 millions d'euros du plan de relocalisation, seulement 42 % des crédits ont été décaissés, et seuls 33 des 531 projets retenus ont été achevés.

ne permettent pas, pour le moment, de définir une politique industrielle européenne dotée d'un budget propre. Elles se contentent de contrôler les politiques industrielles définies pays par pays. Il faudrait aller plus loin pour disposer d'un levier de politique industrielle véritablement européen.

Le protectionnisme, une réponse à contretemps

La philosophie d'ouverture économique qui caractérise l'Union européenne et dans laquelle les politiques publiques de la France s'inscrivaient a été bousculée par l'évidente déloyauté de la concurrence chinoise. L'idée de parier sur le libre-échange pour orienter les autocraties vers une attitude plus ouverte a été battue en brèche non seulement par l'exemple de la Chine mais aussi par celui de la Russie. Alors que l'économie était censée faire « plier » le politique, on s'aperçoit, depuis le Covid, que c'est le contraire qui s'opère. Devant les politiques de soutien à l'industrie de plus en plus affirmées non seulement en Chine mais aussi aux États-Unis, l'Union européenne est en train de changer de philosophie et, sinon d'adopter une attitude protectionniste, du moins de montrer une plus grande exigence quant à la loyauté de ses partenaires.

Certes, il faut améliorer le processus d'identification de la concurrence déloyale et s'en protéger, qu'elle vienne de Chine ou des États-Unis, mais cela sera-t-il suffisant sur le plan économique ? La réaction politique s'avère toujours tardive par rapport à la dynamique de marché, et il sera difficile de faire face à la concurrence d'entreprises chinoises ou américaines dont les prix, grâce aux subventions dont elles bénéficient, seront inférieurs de 20 à 25 % à ceux des entreprises européennes. Sans doute faut-il que les entreprises européennes s'orientent vers des secteurs d'activité où la concurrence n'est pas aussi rude. D'autant que beaucoup d'entre nous continuent de penser que la concurrence est créatrice de valeur, dans la mesure où elle pousse les entreprises à se dépasser, à innover et à améliorer la qualité de leurs produits.

Louis Gallois : « Il ne faut pas exonérer les politiques de leurs responsabilités dans la désindustrialisation »

Témoin privilégié du mouvement de désindustrialisation de la France, Louis Gallois, aujourd'hui coprésident de La Fabrique de l'industrie, identifie les axes majeurs sur lesquels les entreprises et l'État doivent se concentrer pour réussir le pari d'une réindustrialisation.

Une prise de conscience tardive des conséquences de la désindustrialisation

La France ne s'est jamais perçue elle-même comme un pays profondément industriel. Un indice en témoigne : le grand événement qui réunit tout le monde dans notre pays, c'est le Salon de l'agriculture, alors qu'en Allemagne, c'est la Foire de Hanovre[5]. Mais cet aspect culturel ne suffit pas à expliquer la désindustrialisation de notre pays qui, au cours de la décennie 1997-2007, s'est avérée plus brutale que partout ailleurs. J'ai été directeur général de l'industrie entre 1982 et 1986 et, à l'époque déjà, nous avions dû gérer la fin ou la décroissance des grandes industries telles que la sidérurgie, les chantiers navals, les mines de fer ou le textile. Ce mouvement de désindustrialisation s'est incroyablement accéléré par la suite, et il ne faut pas exonérer les politiques de leurs responsabilités à cet égard.

La décennie 1990 a été consacrée essentiellement à la désinflation et à l'accrochage du franc au deutsche mark dans la perspective de la monnaie unique. Le financement de la réunification de l'Allemagne avait conduit cette dernière à emprunter massivement, poussant les taux d'intérêt et le

5 – Créée en 1947, la Foire de Hanovre est le plus grand salon mondial des technologies industrielles.

deutsche mark à la hausse. Le franc a suivi : en 2000, lors de l'instauration de l'euro, le franc était de fait surévalué de l'ordre de 15 % par rapport au deutsche mark. Nous l'avons payé d'autant plus cher que, à cette époque, nous avons mis en œuvre une politique exactement inverse de celle de l'Allemagne. Alors que nos voisins adoptaient les lois Hartz[6], la modération salariale et les mini-jobs, de son côté, la France instaurait les 35 heures, augmentait les cotisations sociales et les salaires. Nous avons, tout au long de la décennie 2000-2010, souffert d'un déficit majeur de compétitivité.

La prise de conscience des conséquences de la désindustrialisation a commencé à la fin de cette décennie avec les états généraux de l'industrie, le rapport de Christian Blanc sur les pôles de compétitivité[7], la création de l'Agence de l'innovation industrielle présidée par Jean-Louis Beffa, et le programme des investissements d'avenir, que j'ai eu l'honneur d'animer. Si le rapport sur la compétitivité française que j'ai remis au Premier ministre en 2012[8] a rencontré un certain écho, c'est parce que l'opinion publique était en train de basculer et de comprendre quel drame la désindustrialisation représentait pour notre pays.

Un besoin colossal de financements

Aujourd'hui, nous sommes confrontés à trois grands défis : maintenir la croissance économique, réussir la révolution climatique, assurer notre souveraineté ou, du moins, réduire nos dépendances les plus critiques. Pour les relever, deux éléments me semblent cruciaux.

---

6 – En 2003, le chancelier Gerhard Schröder lance un programme de réformes visant à donner un nouveau souffle à l'économie allemande, en agissant en particulier sur le marché du travail. Les « réformes Hartz », votées de 2003 à 2005, ont été les plus emblématiques d'entre elles. Elles comprennent notamment un assouplissement des licenciements, la libéralisation du travail atypique, la mise à plat du système d'assurance-chômage et une refonte du régime d'assistance sociale.

7 – Blanc, C. (2004), *Pour un écosystème de la croissance*, [Rapport au Premier ministre].

8 – Gallois, L. (2012), *Pacte pour la compétitivité de l'industrie française*, [Rapport au Premier ministre].

Le premier est le déploiement des technologies et du numérique, domaine dans lequel nous sommes en retard. La France risque de décrocher dans les technologies de rupture parce que son effort de recherche est insuffisant : 2,2 % du PIB contre 3,1 % pour l'Allemagne, 3,5 % pour les États-Unis et 4,5 % pour la Corée [chiffres de 2021]. La pénétration de ces technologies dans l'industrie est elle-même trop timide. Prenons l'exemple de la 5G : en termes de pénétration dans l'industrie, nous figurons parmi les derniers de la classe en Europe. Or, la 5G est ce qui rend possible le dialogue entre les machines. C'est un facteur important de productivité. Il est urgent que nous portions l'effort de recherche de la France à au moins 3 % du PIB et que nous menions une politique offensive de pénétration des technologies dans l'industrie pour renforcer sa productivité.

Le deuxième élément est la transformation écologique et énergétique, avec trois dimensions. La décarbonation demande des investissements massifs sans rentabilité à court terme, à part celle que pourrait créer un prix du carbone très élevé, ce qui ne serait pas sans conséquence sur la compétitivité de l'Europe. La deuxième dimension est celle des industries vertes, pour lesquelles la Chine mène actuellement la course en tête. J'insiste d'ailleurs sur le fait que la Chine est désormais un compétiteur dans tous les domaines. Nous y avons d'ailleurs contribué ! À l'époque où je dirigeais le groupe Airbus, nous avons implanté une usine d'assemblage de l'A320 en Chine parce que c'était la condition d'accès au marché chinois. En contrepartie les Chinois ont accédé à notre savoir-faire et, aujourd'hui, il faut reconnaître que cette usine chinoise produit remarquablement bien. Un autre exemple est celui des EPR dont nous avons partagé la technologie avec les Chinois. Aujourd'hui, ce sont les ingénieurs d'EDF qui se rendent en Chine pour essayer de comprendre comment les Chinois ont réussi la performance remarquable de construire, en cinq ans, un EPR qui fonctionne dans de très bonnes conditions.
Enfin, la troisième dimension est celle de l'électrification de l'industrie, sachant que la décarbonation passe par l'accès à une électricité stable, pilotable et indépendante. Les énergies renouvelables auront un rôle à jouer dans l'électrification de l'industrie, mais son socle sera l'énergie nucléaire, seule capable à ce jour d'assurer la sécurité et la compétitivité de

l'approvisionnement électrique. Au total, selon le rapport de Jean Pisani-Ferry et de Selma Mahfouz[9], les investissements nécessaires à la transition écologique et à la décarbonation de l'industrie représentent un montant de 50 milliards d'euros. Cet investissement nécessitera la mobilisation conjointe de financements privés et publics. C'est un des enjeux majeurs de la transition dans les prochaines années.

Investir dans l'enseignement

Outre les investissements, nous devons également nous intéresser à notre école et plus particulièrement à l'enseignement des mathématiques qui a connu une dégradation très préoccupante au cours des deux dernières décennies. Or, sans mathématiques, pas de chercheurs en sciences « dures », pas d'ingénieurs ou de techniciens. La difficulté pour recruter des professeurs de mathématiques illustre la faible attractivité de ce métier. Le renforcement de cette dernière est certainement une priorité.

Une autre difficulté concerne les lycées professionnels dont une part significative des élèves n'ont pas choisi la voie vers laquelle ils sont orientés. Il faut impérativement revaloriser l'enseignement professionnel et, pour cela, sans doute prolonger sa durée de trois ans actuellement à quatre ans. Cela permettra de créer des filières d'excellence avec, à la fois, un enseignement général et théorique de qualité, et une année complète d'apprentissage. Cela suppose de négocier avec les enseignants des lycées professionnels, que les perspectives de réforme inquiètent, et de les convaincre de continuer à se former tout au long de leur carrière, en contact étroit avec les entreprises.

---

9 – Pisani-Ferry, J. & Mahfouz, S. (2023). *Les incidences économiques de l'action pour le climat* [rapport à la Première ministre], France Stratégie.

Nicolas Dufourcq : « Nous devons relever le défi du capital-risque industriel »

Pour Nicolas Dufourcq, directeur général de Bpifrance, l'industrie française n'a pas disparu mais sa vitalisation et sa compétitivité reposent sur des investissements importants supposant, du côté des banques, de faire preuve d'une culture du risque qu'il est temps de retrouver.

Partage du travail et libre-échange

La France est une démocratie et ses politiques reflètent ses choix de société. Incontestablement, à partir de la fin des années 1990, elle a tourné le dos à son industrie et placé ses espoirs dans la « société de services » prédite par Jean Fourastié dès 1949.

Dans les années 1990, à l'IGAS (Inspection générale des affaires sociales), au sein du ministère du Travail, tout le monde se concentrait sur ce qui était devenu la doxa du ministère : la réduction du temps de travail. Cette réforme, portée par Gilles de Robien, membre de l'UDF, était d'ailleurs une bonne chose, mais il aurait fallu s'arrêter là. Malheureusement, la poussée sociétale en faveur de la réduction du temps de travail était si forte que celle-ci est allée beaucoup plus loin. Une telle revendication n'existait pas du tout en Allemagne, sauf dans quelques fédérations industrielles.

Conformément à la culture très idéaliste de la France, nous avons par ailleurs fait preuve d'une grande naïveté à l'égard de la mondialisation. Jusqu'en 1986, la Communauté européenne restait assez cloisonnée, raison pour laquelle beaucoup d'entreprises allemandes s'implantaient en Alsace : à défaut, elles ne pouvaient pas vendre leurs produits en France. La véritable ouverture n'a commencé qu'en 1986, avec l'Acte unique élaboré par Jacques Delors, qui instaurait un marché unique en Europe. C'est alors que les usines allemandes implantées en France ont commencé à fermer, et que des camions apportant les marchandises depuis l'Allemagne les ont remplacées.

Il était pourtant paradoxal de vouloir partager le travail tout en promouvant le libre-échange. À l'époque, Michel Albert et Jean Boissonnat ont publié le livre *Crise, Krach, Boom*, qu'ils concluaient par une phrase prémonitoire, disant en substance : « La principale conséquence de l'Acte unique sera l'essor progressif et massif d'un petit parti que nous avons vu apparaître récemment, le Front national. »

Pendant des années, la France a préservé son excédent commercial, ce qui était rassurant. Le premier déficit est apparu en 2005 et s'est rapidement accentué, porté par le décalage entre la dévaluation intérieure allemande et la politique économique française axée sur la demande. Tout cela explique la sévérité de la désindustrialisation de notre pays par rapport à celle de l'Italie, de l'Espagne ou du nord de l'Europe.

L'industrie française n'a pas disparu

Malgré tout, l'industrie française n'a pas disparu. Elle représente encore, selon la méthode de comptage, entre 9 et 11 % du PIB, et il suffit de parcourir le territoire pour constater à quel point elle y est présente. Le renouvellement des générations s'opère avec plus de succès qu'auparavant. Beaucoup d'entreprises sont reprises par les filles plutôt que par les fils des dirigeants, et ces entrepreneuses s'avèrent très performantes. Les technologies inventées dans nos universités engendrent des start-up qui, grâce à des ruptures technologiques, vont jusqu'à se doter d'usines. Chaque année, Bpifrance finance un nombre plus important d'usines innovantes, qu'il s'agisse d'extensions ou d'unités complètement nouvelles, et, statistiquement, les ouvertures d'usines sont plus nombreuses que les fermetures.

Nous sommes néanmoins lucides, comme dans le courant artistique du « réalisme magique » des années 1930. Le coût du travail est encore trop élevé en France et l'énergie est également devenue trop coûteuse. Bpifrance est en train de monter une coentreprise avec EDF pour distribuer aux PME industrielles de l'énergie électrique à 70 euros le MWh. Cela reste cher mais il sera difficile de descendre au-dessous de ce montant, qui n'est pas loin du prix coûtant. C'est néanmoins un progrès par rapport aux tarifs de 150 à 250 euros le MWh que nous avons pu connaître.

Sur le sentier de la guerre économique

Au début du XIXe siècle, la France avait pris beaucoup de retard sur la révolution industrielle opérée par l'Angleterre. En me promenant dans les rues de Lille, j'ai vu une plaque rendant hommage à un homme qui, en 1818, au péril de sa vie, avait rapporté de Grande-Bretagne, par bateau à voile, la première machine à carder de France. La première implantation de Schlumberger en Alsace a également reposé sur l'importation, par un jeune ingénieur, d'une technologie britannique. En d'autres termes, nous avons fait, à l'époque, la même chose qu'ont faite les Chinois dans les années 2000 : quand Alstom lançait son modem A230, Huawei mettait en vente, deux mois plus tard, un modem H230 entièrement copié sur celui-ci. Ce pillage se poursuit encore aujourd'hui sur l'ensemble de nos industries, en Europe et aux États-Unis. Comment imaginer que la Chine ait pu créer entièrement par elle-même une industrie automobile en cinq ans ? La totalité des brevets d'électrification des voitures de Volkswagen a été volée dans les cinq ans qui ont précédé le Covid.

Désormais, la Chine a pris une avance technologique dans de nombreux secteurs et c'est la France qui devient un pays émergent. Nous devons reprendre le sentier de la guerre économique et, en particulier, pour toute coentreprise avec une entreprise chinoise, exiger un transfert de technologies et un retour géographique. Le marché chinois est gigantesque et on peut comprendre que certaines entreprises aient besoin de s'y développer. Elles ont cependant tiré les leçons du passé. STMicroelectronics, par exemple, a mis en sûreté toute sa propriété intellectuelle à Singapour. On voit aussi se dessiner un mouvement inverse : Stellantis, qui a complètement échoué dans son offensive chinoise sous la marque DS, vient d'acheter un constructeur chinois[10] pour recueillir son savoir-faire.

Reconstituer une culture de « banque de l'industrie »

Dans un premier temps, tout cela va coûter très cher. L'Europe ayant perdu ses activités de machines-outils, les équipements devront venir de Corée, de Chine ou du Japon, avec des opérateurs coréens, chinois ou japonais pour les faire fonctionner. C'est le cas dans l'usine de batteries de Douvrin, qui emploie de nombreux salariés chinois. De même, dans les années 1990, lorsque les Chinois achetaient des machines textiles dans le nord de la France, ils embauchaient des salariés français de Boussac.

Il faut donc s'attendre, pour ces nouvelles usines, à des courbes en J assez profondes, d'autant que, comme il y a longtemps que nous ne construisons plus d'usines, nous ne savons pas très bien nous y prendre. L'industrie est un métier d'expérience et de « cheveux blancs », or nous avons mis nos cheveux blancs en préretraite à 55 ans, ce qui a d'ailleurs généré un désamour durable pour l'industrie dans les familles.

Ces surcoûts s'observent même pour les grands groupes. La ligne pilote que Stellantis a construite à Nersac[11], près d'Angoulême, aurait, selon mes

---

10 – Selon un accord signé en octobre 2023, Stellantis a investi 1,5 milliard d'euros pour prendre 21 % du capital du constructeur chinois Leapmotor. Les deux constructeurs ont en outre créé une coentreprise, dédiée à l'exportation des véhicules de Leapmotor en Europe, détenue à 51 % par Stellantis.

11 – Stellantis et Saft, filiale de TotalEnergies, ont créé une coentreprise, Automotive Cells Company (ACC), dont l'usine de production de batteries lithium-ion à Nersac (Charente), a servi de ligne pilote avant la production de masse dans la gigafactory de Douvrin (Pas-de-Calais).

informations, coûté deux fois plus cher que prévu, et, pour son transfert à Douvrin, le budget a également été dépassé.

Financer ces opérations suppose de faire preuve d'une culture du risque, que nous possédions dans les années 1950 et 1960, quand la France s'industrialisait à marche forcée, et que nous avons progressivement perdue entre 1980 et 2000. Nous savons très bien financer l'hôtellerie, mais beaucoup moins la création d'une usine reposant sur des technologies disruptives. Dans les années 1960, les banquiers le faisaient, quitte à constituer des *pools* pour limiter le risque. Nous devons reconstituer cette culture de « banque de l'industrie ».

Trouver des contreparties privées

Avec la réglementation Bâle IV[12], le métier bancaire a changé. Désormais, beaucoup d'acteurs demandent que les crédits qu'ils accordent soient *dérisqués*. C'est ce que fait Bpifrance, en apportant sa garantie à des crédits d'un montant total de 10 milliards d'euros par an, mais nous sommes désormais confrontés à la nécessité de garantir des crédits beaucoup plus importants qu'avant, de l'ordre, par exemple, de 3 milliards d'euros.

Pour répondre à ce besoin, nous sommes en train de mettre sur le marché un nouveau produit : la garantie de projet stratégique, qui sera couverte non plus par Bpifrance mais par l'État, à l'instar de la garantie Coface. C'est de cette façon que nous avons pu garantir à 80 % la ligne de BNP Paribas sur l'usine de Douvrin, ou celle de la Société Générale sur l'usine de Dunkerque. On ne peut pas envisager la réindustrialisation du pays

12 – Les règles de Bâle, instaurées par le comité de Bâle sur le contrôle bancaire, visent à réglementer le secteur bancaire international en définissant des exigences minimales de fonds propres. Ces règles ont été considérablement renforcées après la crise financière de 2008, en augmentant de façon drastique les besoins en capital des banques (ce sont les règles Bâle III et IV).

sans que l'État ne couvre une partie significative du risque du secteur bancaire qui, lui-même, réapprend peu à peu à financer l'industrie.

Pour que les banques acceptent d'aller vers des investissements industriels risqués, ceux-ci doivent être partiellement garantis. C'est la garantie qui réconcilie ces deux mondes : elle n'est pas très coûteuse et ses effets déclencheurs et multiplicateurs sont remarquables.

Pour notre fonds de garantie des transmissions, par exemple, dont la sinistralité est très faible, l'effet multiplicateur est de 15. L'Europe n'ayant plus les moyens d'accorder des subventions, elle doit consacrer l'argent dont elle dispose à constituer d'énormes fonds de garantie.

De son côté, Bpifrance a également besoin de trouver des contreparties privées à ses investissements en fonds propres. Nous pouvons acheter 20 % des parts d'une start-up en phase d'amorçage et accepter de tout perdre, mais nous devons trouver des coactionnaires et c'est aujourd'hui extrêmement difficile. Certaines banques acceptent de financer jusqu'à 20 millions d'euros en fonds propres mais il faut désormais envisager des opérations à 200 millions d'euros et elles ne sont pas équipées pour cela. Nous devons donc nous adresser à des fonds souverains, à des fonds de pension néerlandais ou à des grandes fortunes, mais il n'y en a pas beaucoup et nos voisins européens ont les mêmes besoins que nous.

Construire un nouvel écosystème financier

Par le passé, nous sommes parvenus à construire un nouvel écosystème pour le capital-risque en série A, puis en amorçage, puis en *scale-up*, ou encore pour les infrastructures. Nous devons maintenant relever le défi du « capital-risque industriel » et, pour cela, obtenir de l'Europe qu'elle assouplisse les règles de la directive Solvency II[13]. L'objectif est que les assureurs, porteurs de capitaux, puissent abonder des fonds de venture industriel qui seront la contrepartie privée des banques de développement européennes telles que Bpifrance, la KFW (Kreditanstalt für Wiederaufbau), la Cassa Depositi e Prestiti ou la Banque européenne d'investissement. Les assureurs sont soumis à des contraintes très fortes, mais ce sont eux qui ont les poches les plus profondes. Il n'est pas normal que les compagnies d'assurances britanniques et américaines soient en mesure d'investir davantage dans le *private equity* que les compagnies européennes. Nous sommes passés d'un pourcentage à deux chiffres des actifs de l'assurance européenne consacrés au *private equity* à un ridicule 2 %. Comme l'Europe a opté principalement pour des régimes de retraite par répartition, nous ne disposons guère de fonds de pension, ce qui entraîne un gigantesque déficit de puissance stratégique.

L'assurance-vie ne peut pas être investie en *private equity* dans des proportions suffisantes, et les actifs des citoyens commencent tout juste à pouvoir l'être, mais seulement dans des fonds d'infrastructures très longs et peu risqués. Il ne reste donc que les actifs propres des compagnies d'assurances pour financer la réindustrialisation.

---

13 – Répondant à la même logique que Bâle pour les banques, Solvency est une directive européenne ayant pour objectif de moderniser les règles de solvabilité applicables aux assureurs afin de renforcer la protection des assurés, d'inciter les entreprises à améliorer leur gestion des risques et de garantir une application harmonisée de la réglementation dans l'Union européenne.

Dorothée Kohler : « La maîtrise des nouvelles technologies et leur financement sont les clés pour reconnecter la tête et les bras »

Pour Dorothée Kohler, fondatrice et dirigeante du cabinet de conseil KOHLER Consulting & Coaching, spécialisé dans l'accompagnement des processus de transformation industrielle et organisationnelle des PME et ETI[14], la maîtrise des nouvelles technologies et la montée en compétences sont un facteur clé de la réindustrialisation du pays, à condition de pouvoir les financer.

Reconnaître les spécificités de notre géographie industrielle

Une des spécificités de la désindustrialisation en France tient à ce que j'appelle « la déconnexion entre la tête et les bras » liée à l'organisation de la production industrielle et sa dissociation des tâches de conception et de fabrication, dans la recherche d'une plus grande productivité. Par ailleurs, nous avons fait les frais d'une croyance politique fortement ancrée selon laquelle le développement des activités tertiaires pouvait faire l'économie des activités secondaires. L'énergie déployée pour accéder à une société de services et sortir de l'industrie aura été très préjudiciable.

---

14 – Les entreprises de taille intermédiaire, ETI, correspondent soit à des entreprises comptant entre 250 et 4 999 salariés et dont le chiffre d'affaires annuel n'excède pas 1,5 milliard d'euros ou dont le total du bilan ne dépasse pas 2 milliards d'euros ; soit à des entreprises comptant moins de 250 salariés mais dont le chiffre d'affaires annuel est supérieur à 50 millions d'euros et le total du bilan est compris entre 43 millions et 2 milliards d'euros.

Il ne s'agit pas aujourd'hui de se lancer éperdument dans un sauvetage de l'industrie manufacturière mais d'identifier quelles sont les lignes de force de notre géographie industrielle, de nos héritages de savoir-faire et de nos potentiels de développement en lien avec les différents types d'infrastructure.

En France, nous avons assisté, à partir de la fin des années 1950, au développement d'une organisation taylorienne des branches industrielles avec un objectif de réduction des coûts de production. Comme l'illustrent les géographes Félix Damette et Jacques Scheibling dans leur ouvrage sur la France[15], cela a conduit à une concentration des fonctions de conception, administratives et commerciales dans l'agglomération parisienne. Les activités de fabrication se sont quant à elles localisées en fonction des réservoirs de main-d'œuvre, lesquels sont de trois types : les bassins d'emplois ruraux en périphérie d'agglomération (Normandie, Bretagne), les villes industrielles (Arc nord-est) bénéficiant d'une forte concentration de travailleurs immigrés et les pays à faibles coûts salariaux (bassin méditerranéen et Asie). Au fil du temps, la division taylorienne de la production a conduit à une dissociation géographique toujours plus poussée, entre les activités identifiées comme *core business* et les activités dites *non core* externalisées à des sous-traitants spécialisés sur un segment de production. Le tissu industriel français est ainsi constitué à plus de 70 % d'entreprises sous-traitantes dépendantes de donneurs d'ordre établis en France ou à l'étranger.

Les industries de haute technologie ont pour leur part évité les régions d'industrie traditionnelle pour privilégier le Sud (Nice, Toulouse) une partie de l'arc atlantique (Bordeaux, Nantes), l'axe Lyon-Grenoble et l'Île-de-France. L'aéronautique, la défense et le spatial se sont ainsi largement développés, notamment sous l'impulsion de l'État, dans ces régions qui bénéficient d'une forte concentration de profils ingénieurs-cadres et techniciens. L'ancrage territorial des filières électronique et informatique s'est réalisé pour partie en synergie avec ces activités aérospatiales civiles et militaires.

---

15 – Damette, F. et Scheibling, J. (1995), *La France, permanences et mutations*, Hachette, 255 p.

La géographie industrielle française porte encore les stigmates de cette partition fonctionnelle et de cet évitement.

Ce phénomène ne s'est pas produit avec la même ampleur et la même intensité en Allemagne, très attachée au maintien du « site industriel national » (cf. politique du *Standort Deutschland*). En outre, la partition de l'Allemagne en deux États a eu pour corollaire le transfert d'un grand nombre d'entreprises industrielles localisées à Berlin et en Allemagne de l'Est vers les métropoles ouest-allemandes qui sont devenues de véritables centres de commandement industriels associant fonctions de conception et de fabrication. Par ailleurs, les régions de tradition industrielle telles que la Ruhr ont bénéficié dès les années 1960 de l'implantation d'universités, d'IUT et de centres de recherche consacrés à l'industrie.

Reconnecter la tête et les bras

Aujourd'hui, comme le soulignent Pierre Veltz et Thierry Weil dans l'article « Vers un monde hyperindustriel »[16], le problème « n'est pas de sauver à toute force l'industrie manufacturière. [...] Il s'agit au contraire de construire une base hyperindustrielle solide [...] qui se caractérise précisément par la convergence entre la production des biens et celle des services, profondément renouvelées l'une et l'autre par l'informatique ».

Les nouvelles technologies, comme celles de l'industrie du futur ou de l'industrie 4.0, dont le déploiement est soutenu par le programme d'investissements d'avenir (PIA), le plan d'investissement France 2030 et par les actions de Bpifrance, incitent à cette reconnexion entre la tête et les bras, aussi bien pour les processus de production que pour le repositionnement des entreprises dans la chaîne de valeur.

---

16 – In *L'Industrie notre avenir* (coll.), (2015), Eyrolles, p.18.

L'industrie 4.0 suppose une continuité entre la collecte informatique des données d'usage des clients finaux, le traitement de ces données, leur traduction en programmes de fabrication, leur possible fabrication unitaire, leur livraison, le développement de leur potentiel d'usage via des applications, puis leur recyclage.

Dans la pratique, elle donne naissance à de nouveaux modèles d'affaires. Prenons l'exemple de la chaussure de sport. Dans ce secteur, au moins deux modèles de réindustrialisation se réclamant de l'industrie 4.0 sont identifiés.

D'un côté, nous avons le modèle d'hyperautomatisation de la société Chamatex, spécialisée à l'origine dans la fabrication de textiles techniques. Ici, il s'agit de produire de la manière la plus automatisée possible des chaussures de sport pour Babolat, Salomon et Millet en faisant de ces clients des partenaires associés au financement de l'investissement industriel.

De l'autre côté, nous avons l'exemple de la Speedfactory d'Adidas dont la vocation est de produire des chaussures personnalisées en temps réel. Le client est reçu à l'intérieur d'une mini-usine où son pied est scanné. Un algorithme dessine une semelle adaptée à la morphologie de son pied et à son profil de course. La chaussure est ensuite fabriquée au sein d'un atelier dont l'emprise au sol a été réduite au maximum. Localisable dans les agglomérations urbaines, ce nouveau modèle industriel associe, grâce aux nouvelles technologies, les espaces et les temps de la conception et de la fabrication en un même lieu. Cette nouvelle génération d'espaces industriels, privilégiant le circuit court, émerge dans l'industrie textile, l'industrie de l'ameublement, dans la santé avec la personnalisation des dispositifs médicaux, la cosmétique et le secteur agroalimentaire.

L'opportunité d'un changement de paradigme industriel

Ces systèmes de production dotés d'une continuité numérique, de l'approvisionnement des matières premières à la livraison chez les clients, ont vocation dans l'idéal à devenir des systèmes cyberphysiques, capables de s'autoréguler en temps réel selon les fluctuations de la demande, l'évolution des marchés des matières premières et de l'énergie, … La réduction des coûts grâce à une stratégie de volumes reste à l'ordre du jour, mais c'est désormais la création de valeur par type de client et l'augmentation de la marge qui sont visées en priorité. Un fabricant de chariots élévateurs segmente par exemple son offre de produits et de services en fonction des profils de ses clients et de leur budget. Nous passons progressivement d'une logique de volume à une logique de production customisée. Signe de cette évolution, la multiplication des configurateurs sur les sites en ligne pour *designer* sa cuisine, sa salle de bains, créer ses bijoux, ses chaussures, etc.

Il est tentant d'interpréter cette tendance comme une rupture avec l'idéologie de production de masse et l'opportunité d'un retour à une forme d'artisanat industriel et le concept de série unitaire.

Faire évoluer l'organisation du travail grâce aux nouvelles technologies

Les tâches qui requièrent des opérations répétées et surtout pénibles peuvent être désormais accomplies par des robots, tandis que l'artisan-industriel peut se concentrer sur des gestes à plus haute valeur ajoutée. Dans certaines entreprises, cela pose la question d'une montée en compétence des équipes à tous les niveaux, à commencer par le dirigeant et le management intermédiaire. Si les outils sur le terrain deviennent plus sophistiqués et transmettent des informations, il ne s'agit plus pour la hiérarchie de donner des ordres de manière verticale, mais d'être attentive quotidiennement aux conditions propices à un travail collectif de qualité pour effectuer des opérations de plus en plus complexes.

Saisir cette opportunité d'un changement de paradigme industriel implique une réflexion approfondie sur l'articulation entre les politiques, les industriels, les organismes de financement et la société civile dans les territoires. La capacité à faire émerger un dialogue sur le travail de demain, à mettre en mouvement ces nouveaux collectifs et à agir ensemble sera déterminante pour l'avenir de notre industrie. Cela suppose de faire tomber les murs entre les entreprises, les banques, les universités, les écoles et les collectivités locales, pour converger vers des représentations du travail dans l'industrie qui correspondent aux enjeux économiques et aux aspirations des nouvelles générations. La crise du Covid a eu le mérite de revaloriser le travail des hommes et des femmes de terrain, très souvent désignés comme « productifs » par opposition au travail des « improductifs » en télétravail. Au-delà des querelles idéologiques sur cette représentation binaire, il convient de prendre en compte la réalité des faits.

Cette possible reconnexion de la tête et des bras, grâce à la maîtrise des nouvelles technologies par le terrain, me rend optimiste pour la réindustrialisation.

Miser sur le « reset » des modèles d'affaires, le développement des compétences et le financement de l'industrialisation des innovations

Le contexte actuel d'incertitude économique et politique conduit de plus en plus de dirigeants d'ETI et de PME à demander de l'aide pour opérer un *reset* de leur modèle d'affaires, pour renouveler leur offre et pour reconfigurer leur organisation de façon à accroître le niveau de réactivité, les périmètres de responsabilité et les prises d'initiative individuelles et collectives.

Le recours au conseil, naguère réservé aux grandes entreprises, devient plus accessible grâce aux aides financières apportées par Bpifrance, à la création de son pôle conseil et à la diversité des « accélérateurs » dédiés à des filières et à des régions.

Parallèlement, je constate sur le terrain que de nombreuses PME et les ETI profitent d'une évolution des compétences dans les bureaux d'études de leurs donneurs d'ordre pour davantage valoriser leurs compétences techniques et les développer. Je constate également que la dépendance de certains industriels à des distributeurs pour avoir accès aux clients finaux se réduit et engendre, dans certains cas, une désintermédiation d'acteurs dont la valeur ajoutée n'est plus avérée.

A contrario, l'absence de prise en compte du besoin des salariés de disposer, d'une part, d'un cap clair comme d'une communication régulière sur les priorités d'action, et, d'autre part, de bénéficier de prises de décisions partagées et rapides, peut rapidement produire un terreau inflammable. C'est une source de défiance, de démotivation, d'absentéisme et de turnover.

Sur le terrain, j'observe de plus en plus d'entreprises dans lesquelles les salariés sont en demande de sens pour accomplir leur métier. Connaître les clients, comprendre l'évolution de leurs besoins, être associés à la construction de la stratégie, être tenus informés de la santé financière de l'entreprise, sont devenus des attentes récurrentes et légitimes que l'équipe dirigeante doit apprendre à satisfaire pour créer un climat de confiance.

Dans le même temps, les dirigeants sont confrontés à une difficulté croissante d'accès à des ressources qualifiées combinée à un besoin de montée en compétences de leurs salariés en poste depuis de longues années. La non-maîtrise des systèmes d'information reste aujourd'hui un point aveugle du manque de compétitivité de nos PME et de nos ETI. Certains dirigeants reconnaissent n'utiliser leur système d'information qu'à 10 ou 15 % de ses capacités. Remédier à la maîtrise insuffisante de ces outils au niveau de la direction de l'entreprise et accepter que le seul changement d'ERP (*Enterprise resource planning*) ne soit pas la solution à tous les problèmes, représentent souvent un premier pas salutaire pour enclencher une dynamique de progrès.

Les PME et les ETI rencontrent également des difficultés à mobiliser les budgets nécessaires pour mener à terme des projets d'innovation et surmonter la « vallée de la mort » de la phase d'industrialisation.

Bien souvent, les moyens financiers sont épuisés après la validation des premiers prototypes. L'accompagnement financier des PME et des ETI dans l'industrialisation de leurs innovations est un enjeu majeur pour développer de nouveaux leaderships industriels.

Le montant des sommes à mobiliser et l'accélération de mise sur le marché d'innovations à l'échelle internationale imposent d'aller très vite. L'accès à des partenaires financiers patients sera clé. Il devra aller de pair avec la faculté de l'équipe dirigeante à mutualiser les moyens de R&D en identifiant des partenaires d'horizons complémentaires dans l'industrie, dans le monde de la recherche, de l'enseignement et celui de la Tech.

Notre capacité à construire ces nouvelles constellations aux différentes échelles du territoire sera déterminante pour l'avenir de notre géographie industrielle.

Pour aller plus loin

« Depuis les années 1990, la désindustrialisation a touché toutes les vieilles puissances industrielles, même si elle a été plus rapide en France, au Royaume-Uni ou aux États-Unis que, par exemple, en Espagne ou en Italie. »

Sarah Guillou

Évolution de la part de la valeur ajoutée brute de l'industrie manufacturière dans le PIB

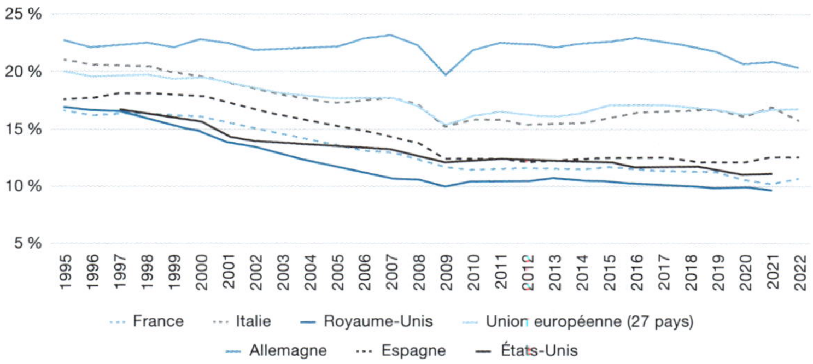

Source : OCDE. Traitement : La Fabrique de l'industrie

« Statistiquement, les ouvertures d'usines sont plus nombreuses que les fermetures. »[17]

Nicolas Dufourcq

Ouvertures et fermetures de sites industriels en 2022 et 2023

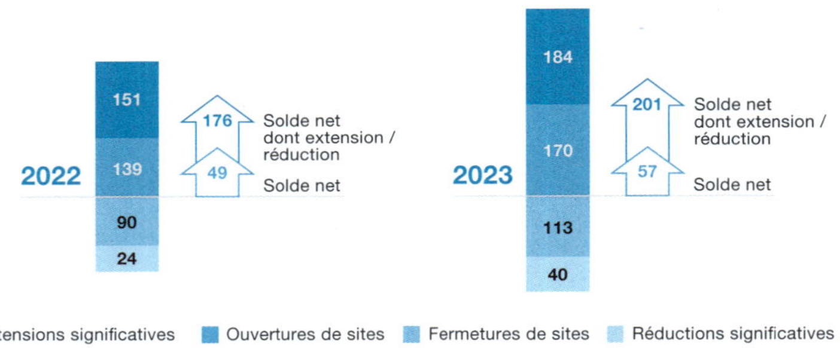

Source : « baromètre industriel de l'État », Direction générale des entreprises, ministère de l'Économie, des Finances et de la Souveraineté industrielle et numérique.

Note : si l'on se restreint aux seules ouvertures et fermetures greenfield, c'est-à-dire en retirant les réductions et extensions significatives (nouvelle ligne de production par exemple), le solde 2023 est de 57 sites supplémentaires et de 49 en 2022 (+16 %).

17 – Note de l'éditeur : les données disponibles en juin 2024, date de tenue du colloque, confirment les propos de Nicolas Dufourcq. Depuis, la trajectoire est moins positive ; selon les données du cabinet Trendeo publiées en septembre 2024, entre les mois d'avril et d'août, le pays a enregistré 47 annonces de fermetures d'usine contre 37 annonces d'ouvertures.

> *« Il faut impérativement revaloriser l'enseignement professionnel et, pour cela, prolonger sa durée de trois ans actuellement à quatre ans. Cela permettra de créer des filières d'excellence avec, à la fois, un enseignement général et théorique de qualité, et une année complète d'apprentissage. »*
>
> **Louis Gallois**

Parcours des lycéens professionnels

Aujourd'hui, sur 100 élèves entrant en seconde professionnelle…

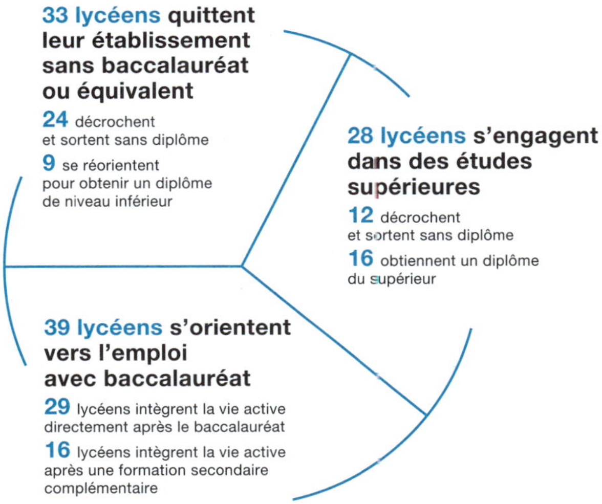

Source : ministère de l'Éducation nationale et de la Jeunesse

Note : chiffres issus de l'enquête « #Génération 2020 » du Céreq auprès d'un échantillon représentatif des 746 000 jeunes sortis de formation initiale à l'issue de l'année scolaire 2016-2017, parmi lesquels 189 000 ont déclaré avoir entamé un cursus de baccalauréat professionnel en lycée professionnel.

« Face aux nouvelles technologies, les dirigeants sont confrontés à une pénurie de compétences. »
Dorothée Kholer

Niveaux et facteurs de tensions dans certains métiers en 2021

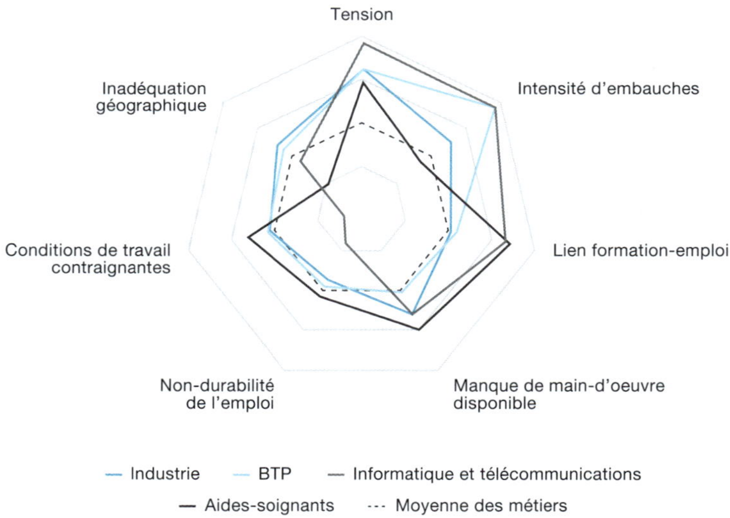

Source : Tensions sur les effectifs et compétences dans l'industrie et dispositifs de formation associés, rapport pour le ministère de l'Économie, des Finances et de la Souveraineté industrielle et numérique, le ministère du Travail, le ministère de l'Éducation nationale et de la Jeunesse, le ministère de l'Enseignement supérieur et de la Recherche, le ministère délégué chargé de l'Industrie, le ministère délégué chargé de l'Enseignement et de la Formation professionnelle, 2023.

Note : Le manque de main-d'œuvre dans le domaine de l'informatique et des télécommunications accentue les problèmes de recrutement dans les nouvelles technologies rencontrés par l'industrie.

Partie II – Réindustrialiser les territoires

Si la France s'est désindustrialisée, l'industrie continue de représenter plus de 30 % des emplois dans certains territoires. Caroline Granier, Camille Étévé et Élisabeth Klein expliquent pourquoi certains territoires paraissent plus favorables que d'autres à l'industrie et comment les banques participent à l'ancrage et à la croissance des entreprises industrielles.

Caroline Granier : « La dynamique industrielle d'un territoire est multifactorielle »

La recette pour réindustrialiser avec succès les territoires qui le souhaitent n'est pas unique et comprend de nombreux ingrédients qu'il est nécessaire de tous activer, rappelle Caroline Granier, cheffe de projet à La Fabrique de l'industrie.

L'industrie, présente sur l'ensemble des territoires

Nous parlons beaucoup de désindustrialisation, mais il est important de rappeler que certains territoires, comme l'Alsace ou la région Auvergne Rhône-Alpes, sont restés fortement industriels ; que d'autres, notamment dans les régions Bretagne et Pays de la Loire, ont réussi à constituer des écosystèmes industriels très performants ; et qu'un peu partout en France on trouve des territoires ruraux dans lesquels l'emploi industriel représente plus de 30 % des emplois. Contrairement à d'autres activités, et notamment au tertiaire, l'industrie est répartie sur l'ensemble du territoire français, ce qui en fait un vecteur majeur de cohésion.

Les facteurs de dynamisme de l'industrie

La spécialisation historique de certains territoires peut expliquer la place qu'y tient l'industrie encore aujourd'hui, en particulier lorsqu'ils sont dévolus à des industries fortement exportatrices, comme l'aéronautique ou le luxe, deux secteurs qui contribuent très positivement à la balance commerciale française.

Cependant, d'autres facteurs participent à la dynamique industrielle positive de ces territoires : la présence d'une main-d'œuvre qualifiée et suffisamment nombreuse ; la disponibilité du foncier ; la présence d'infrastructures telles que les routes, autoroutes, les voies ferrées, les voies fluviales ; l'existence de réseaux d'entreprises permettant des formes de mutualisation ; la capacité d'innovation, souvent liée à la présence, sur un même territoire, d'industriels, de centres de recherche, d'entrepreneurs et de financeurs de type capital-risque ; l'attractivité du cadre de vie ; et enfin, les capacités de financement.

Pour réindustrialiser un territoire, il faut agir sur l'ensemble de ces facteurs. Par exemple, lors d'un recrutement, il faut penser à se préoccuper du logement des futurs collaborateurs, en particulier dans des opérations d'envergure. De même, lorsqu'on monte des opérations pour mobiliser du foncier, il faut réfléchir à l'attractivité du territoire concerné pour les industriels. Dans le cadre de France Relance, un appel à projets « Sites clés en main » a été lancé pour mettre à disposition des industriels des sites déjà pourvus de toutes les autorisations d'urbanisme et environnementales, mais également des raccordements à l'eau, à l'électricité et au gaz, etc. Malheureusement, seule une partie de ces sites ont trouvé acquéreur, car certains se trouvaient dans des territoires trop isolés ou qui n'intéressaient pas les industriels.

Prendre en compte l'ensemble de ces facteurs suppose de fédérer toutes les parties prenantes (industriels, élus, banques et autres financeurs, acteurs de la société civile, Maisons de l'emploi, etc.) autour d'un projet commun qui accorde une place centrale à l'industrie.

Enfin, même s'il est toujours fructueux de s'inspirer des bonnes pratiques d'autres territoires (ouverture d'une école de production, financement de logements par des industriels…), on constate que chacun d'entre eux est spécifique et que ce qui fonctionne ici ne donnera pas les mêmes résultats ailleurs. Chaque recette est donc unique.

Sensibiliser la population

Se pose quand même la question de l'acceptabilité de l'industrie par les habitants. On sait que les personnes n'ayant jamais eu de lien avec l'industrie ont plus de mal à accepter la construction d'une usine en face de chez elles que les autres, mais on observe également des phénomènes de rejet, paradoxalement, chez des individus ayant une connaissance pratique de l'industrie.

À l'occasion d'un séminaire sur les compétences, nous avons évoqué la nécessité de familiariser les enseignants, y compris les enseignants des collèges, avec les métiers industriels afin de faciliter l'orientation des jeunes vers ces métiers. Un participant a cité l'exemple de parents qui, travaillant dans l'industrie, déconseillaient à leurs enfants de suivre cette voie et refusaient même qu'ils participent à des visites d'usine. Ce rejet est un effet indirect de la désindustrialisation qui s'est poursuivie pendant trente ans. Il peut rendre plus délicate l'implantation de projets industriels.

Dans le cadre de l'observatoire des Territoires d'industrie[18], j'ai l'occasion de recueillir des témoignages plus positifs. Par exemple, la région Hauts-de-France et l'UIMM (organisation professionnelle de la métallurgie) ont mis en place un bus équipé d'une ligne de production en partie automatisée. Ce bus se rend de ville en ville et, tous les vendredis, accueille des groupes scolaires. Le soir, ce sont les parents qui sont invités à découvrir le fonctionnement de la ligne.

---

18 – L'observatoire des Territoires d'industrie est un dispositif porté par la Fabrique de l'industrie, la Banque des territoires, l'Agence nationale de la cohésion des territoires, Régions de France, Intercommunalités de France, et l'Institut pour la recherche de la Caisse des dépôts. Sa mission est de documenter et d'analyser les conditions locales qui mènent certains territoires à se distinguer des autres en matière d'emploi industriel.

Camille Étévé : « La Banque des territoires est au cœur de l'action en faveur de la reconquête industrielle »

Opératrice du programme Territoires d'industrie, la Banque des territoires accompagne les efforts de réindustrialisation des territoires. Camille Étévé, responsable de ce programme au sein de la Banque des territoires, détaille son mode d'action et ses résultats.

Le programme Territoires d'industrie

Le programme Territoires d'industrie a été lancé par le Premier ministre, Édouard Philippe, en novembre 2018, à l'occasion du Conseil national de l'industrie. L'objectif était d'accélérer la reconquête industrielle dans 149 territoires sélectionnés[19] pour leur potentiel industriel – par territoire, on entend un ou plusieurs EPCI (établissements publics de coopération intercommunale). Le but du programme était « d'apporter dans et par les territoires des réponses concrètes aux enjeux de soutien à l'industrie : développement des compétences dans le bassin d'emploi, formation, mobilité des salariés, écosystèmes d'innovation, attractivité des territoires et des métiers industriels, accélération de la transition écologique, disponibilité du foncier, revitalisation des friches industrielles ». Les territoires devaient faire acte de candidature et nommer à leur tête un binôme composé d'un élu et d'un industriel. L'objectif n'était pas de décider, depuis Paris, des mesures à prendre sur chacun des territoires, mais bien de leur donner les moyens de s'emparer de cette question et de proposer eux-mêmes des projets, appelés « fiches actions ».

---

19 – En 2023, la carte des Territoires d'industrie a été revue pour atteindre au total 183 territoires labellisés.

Plusieurs opérateurs publics ont été associés au programme Territoires d'industrie : la Banque des territoires, Bpifrance, Business France, Action Logement, Pôle emploi (devenu France Travail) et l'Ademe. L'ensemble des partenaires travaillent de manière très collaborative, avec une délégation placée sous la double tutelle de la Direction générale des entreprises et de l'ANCT (Agence nationale de cohésion des territoires).

La première phase du programme, appelée « Temps I », s'est déroulée de 2018 à 2022. Elle a été marquée par différentes crises, dont celle du Covid, qui ont conduit à accentuer les efforts en faveur de la réindustrialisation. C'est ainsi qu'a été lancé le Fonds d'accélération des investissements industriels, doté d'un budget de 950 millions d'euros. Une bonne partie de ce fonds a bénéficié aux Territoires d'industrie, mieux structurés que d'autres pour répondre aux appels à projets.

Le Temps I ayant été considéré comme un succès, ce programme a été reconduit sur la période 2023-2027, avec de nouveaux territoires et la définition de quatre priorités : développer les compétences, faire des territoires des écosystèmes d'innovation ambitieux, accélérer la transition écologique et énergique, mobiliser un foncier industriel adapté. Parmi les nouveautés de ce Temps II, on peut citer le financement à 50 % par l'État d'un poste de chef de projet pour chacun des territoires d'industrie. Une personne peut ainsi prendre en charge à temps plein l'animation de l'écosystème. Des enveloppes destinées à des études d'ingénierie sont également mises à la disposition des territoires, ainsi qu'une enveloppe de 70 millions d'euros pour 2024 affectée à des investissements permettant d'accompagner la transition écologique et environnementale.

L'AMI Rebond industriel

Un des dispositifs du programme Territoires d'industrie est l'appel à manifestation d'intérêt (AMI) « Rebond industriel ». D'abord élaboré pour soutenir la dynamique industrielle des territoires particulièrement exposés aux mutations de la filière transports (automobile, aéronautique, ferroviaire, logistique…), Rebond industriel vise aussi, et plus largement, à soutenir toutes les filières industrielles identifiées comme stratégiques pour les territoires. Ce dispositif est organisé en deux volets.

Le premier, piloté par la Banque des territoires, permet d'accompagner les territoires candidats par des cabinets spécialisés en ingénierie. Pendant près de trois mois, ces experts vont à la rencontre des acteurs du territoire (collectivités, industriels, entreprises, UIMM, Ademe, France Travail,…) afin de les aider à construire une feuille de route et à identifier des projets stratégiques. Ce dispositif contribue à faire émerger une connaissance accrue des projets industriels par les collectivités locales et, ainsi, une coopération entre élus et industriels. Il faut en effet souligner qu'environ la moitié des projets identifiés dans le cadre de Rebond industriel n'étaient pas connus, jusqu'alors, par les collectivités locales.

Le second porte sur les projets d'investissements industriels créateurs d'emplois et à fort impact pour les territoires éligibles à des subventions et à des avances remboursables opérées par Bpifrance.

Le dispositif Sites clés en main France 2030

Par ailleurs, le président de la République a décidé en 2023 de lancer un nouveau dispositif pour proposer davantage de sites industriels prêts à l'implantation d'entreprises. Il est piloté par la délégation Territoires d'industrie. Pour rappel, la première ébauche du dispositif Sites clés en main, lancée en 2020-2021, avait permis d'identifier et de labelliser des sites prêts à accueillir des industriels. Toutefois, ces sites sont insuffisants face aux réels besoins en foncier. D'après le rapport du préfet Rollon Mouchel-Blaisot[20], publié en 2023, pour faire passer l'industrie de 10 à 12 % du PIB, il est nécessaire de créer 22 000 hectares de foncier industriel supplémentaires.

---

20 – Mouchel-Blaisot, R. (2023), *Stratégie nationale de mobilisation pour le foncier industriel,* [Rapport au gouvernement].

Dans le cadre de ce nouveau programme, sur les 200 sites ayant fait acte de candidature, 55 ont été retenus et vont être accompagnés par les opérateurs publics sur plusieurs plans : la mise en place de l'ingénierie requise [financée par l'ANCT et la Banque des territoires], l'accélération de la finalisation des procédures administratives et l'activation des mécanismes de financement appropriés. Il s'agit du Fonds vert qui subventionne la dépollution des friches industrielles, et des 450 millions d'euros de financements de la Banque des territoires par le biais du prêt Gaïa territorial[21] ou de l'investissement en fonds propres.

Une fois que les sites seront aménagés et pré-équipés, Business France se chargera de les valoriser auprès des investisseurs potentiels.

Complémentarité entre banques publiques et privées

La Banque des territoires est au cœur de l'action en faveur de la reconquête industrielle. Son action consiste à financer l'aménagement, les infrastructures et la formation, afin que les industriels puissent se concentrer davantage sur leur cœur de métier, c'est-à-dire la production.

La Banque des territoires prévoit de consacrer à la réindustrialisation plus d'un milliard d'euros sur la période 2023-2027. Elle intervient par le financement des Sites clés en main France 2030 à hauteur de 450 millions d'euros, et par le financement *ad hoc* de projets industriels, à hauteur de 600 millions d'euros.
Ses financements sont guidés par quatre priorités. La première est d'investir dans l'aménagement et l'immobilier industriel (zones industrielles, dépollution de friches, immobilier industriel, infrastructures

---

21 – Dédié aux acteurs publics locaux, le prêt Gaïa Territorial soutient le financement « de projets d'acquisition et de réaménagement de terrains pour la réhabilitation de friches de toute nature, de redynamisation urbaine ou de sobriété foncière », explique la Banque des territoires sur son site Internet.

numériques...). La deuxième est d'aider à la transition énergétique et environnementale de l'industrie. La troisième est d'encourager la formation vers les métiers industriels en contribuant à l'ouverture de plus de 100 centres de formation à ces métiers, grâce, notamment, à des partenariats avec le Cnam, l'Afpa, et la Fédération des écoles de production. Enfin, la quatrième est d'accompagner les stratégies industrielles territoriales en aidant les Régions et les échelons territoriaux à définir leur stratégie industrielle et à faire émerger des projets viables et présentant de fortes externalités (emploi, transition écologique et énergétique, relocalisations, etc.)

Ces offres sont adressées à tous les territoires, y compris ceux qui ne sont pas labellisés Territoires d'industrie, et à leurs écosystèmes, c'est-à-dire aux collectivités territoriales, à leurs satellites et aux industriels porteurs de projets.

Pour tout cela, nous avons l'habitude de travailler avec les banques locales, en complémentarité avec Bpifrance. En général, les industriels ont besoin à la fois de capitaux et de dette, sauf certains d'entre eux qui ne souhaitent pas voir entrer des acteurs extérieurs dans leur capital. Nos interventions passent donc principalement par de l'investissement en capital, en investisseur minoritaire, tandis que les banques apportent de la dette. Nous travaillons main dans la main, ce qui permet de répartir les risques. Par exemple, pour financer les murs d'une usine, notre offre consiste à créer une société de projet *ad hoc*, appelée SPV *(special purpose vehicle)*. Nous apportons du capital et nous demandons à l'industriel, mais aussi éventuellement à une tierce partie, d'investir avec nous. De leur côté, les banques apportent de la dette. Une fois le bâtiment construit, l'industriel le loue à la SPV. Ce dispositif lui évite d'avoir à débourser le montant de l'ensemble de l'investissement.

Au total, depuis 2020, la Banque des territoires a consacré un montant de 1,2 milliard d'euros au financement en capital de 260 projets, dont 40 créations d'usines.

Élisabeth Klein : « Les banques sont des parties prenantes de notre entreprise »

Convaincue des bénéfices d'un ancrage local fort, la dirigeante de la PME CFT Industrie, Élisabeth Klein, met un point d'honneur à tisser des liens étroits avec les autres acteurs du territoire où elle est implantée, dont les banques.

Une entreprise ancrée sur son territoire

L'entreprise CFT Industrie a été fondée en 1954 et produit des pièces en fil. C'est une PME de 11 salariés qui fait partie d'un groupe de 80 personnes. Elle est implantée dans l'Eure-et-Loir, à la limite des Yvelines, sur une zone Natura 2000 ce qui signifie que la flore y est protégée. De cette particularité, qui pouvait apparaître comme un handicap, nous avons décidé de faire un atout et de devenir une entreprise « 100 % verte ». Par exemple, nous recyclons toutes nos matières premières mais aussi nos vêtements de travail et nos chaussures de sécurité.

Nous accordons aussi une grande importance au fait de tisser des liens avec les autres acteurs du territoire, qu'il s'agisse des institutionnels, des banques ou des entreprises. Par exemple, comme notre territoire n'est qu'à une soixantaine de kilomètres de Paris, nous avons travaillé avec les élus locaux et les autres entreprises de notre zone industrielle pour mettre en place des mesures facilitant l'implantation de nos collaborateurs, comme le fait de réserver des places de crèche, de garderie ou d'école, ou encore de mobiliser des agences immobilières pour qu'elles leur proposent des logements. Autre exemple : j'ai signé une convention de trois ans avec des agriculteurs locaux pour la compensation de nos émissions de CO_2. Pour chaque facture reçue par l'entreprise, nous leur versons deux euros et ils plantent des arbres. Cela me paraît plus intéressant que de faire un don à une société lointaine qui prétend replanter des arbres on ne sait trop où, ni dans quel but, alors qu'il existe des besoins près de chez nous. La seule obligation que nous imposons à ces agriculteurs est de communiquer auprès des enfants des écoles sur le devenir du petit écosystème qui va être ainsi créé.

Je travaille également en confiance avec mes quatre banques, que je considère comme de véritables parties prenantes de l'entreprise. Chaque mois, je leur transmets nos comptes de résultat mais également des informations sur nos clients ou encore sur l'évolution de nos secteurs d'activité. En cas de mauvaise passe, je peux me tourner vers elles pour qu'elles m'aident à éviter quelque chose de plus grave. Sachant qu'elles ont la possibilité d'échanger entre elles, je préfère les recevoir toutes les quatre ensemble plutôt qu'organiser des rendez-vous individuels. C'est très enrichissant de partager avec elles nos projets, nos difficultés et nos réflexions.

Des collaborateurs investis

Notre différenciation vient de notre charte RSE (responsabilité sociétale des entreprises) et, plus largement, de notre façon de travailler au sein de l'entreprise. Par exemple, en 2017, nous avons organisé un séminaire interne sur notre vision pour 2025 et, actuellement, nous travaillons sur notre vision pour 2035. Comme le soulignait Dorothée Kohler, les collaborateurs ont besoin d'un cap vers lequel avancer.

Depuis 2011, nous nous remettons continuellement en question. Nous réalisons régulièrement le scan à 360 degrés de l'entreprise, un exercice très fructueux qui suppose d'être capable de reconnaître ses limites. Par exemple, nous avons embauché un ingénieur pour contrôler nos méthodes et il s'est aperçu que l'un de nos robots ne faisait l'objet d'aucune maintenance. Cette attitude consistant à se remettre en question passe aussi par le fait que tous les collaborateurs, y compris les opérateurs, sont curieux de savoir ce que fait l'entreprise voisine et veillent à interroger nos clients sur ce qu'ils attendent de nous. Cette gymnastique s'acquiert petit à petit et finit par devenir notre façon d'être.

Par exemple, récemment, nous avons reçu le chargé de clientèle d'une de nos banques. Les collaborateurs avaient été informés de sa visite lors de la petite réunion de quinze minutes du matin. Il est passé de poste en poste et chacun des opérateurs était en mesure de lui expliquer combien avaient coûté les différentes machines : *« Le prix de ce robot de soudure, c'est 200 000 euros. C'est vous qui l'avez financé, et on vous en a remboursé plus de la moitié. »* Certains faisaient même des projections : *« Nous avons un bras 3D laser et ce qui serait top, ce serait de pouvoir acheter la partie microscope qui va derrière. J'ai fait des recherches et ça coûterait 35 000 euros. »* À la fin de la visite, le chargé de clientèle était stupéfait : *« Non seulement ils étaient au courant que j'allais venir mais ils savent tous ce que ma banque a financé et combien il reste à rembourser ! »*

Pour aller plus loin

« Un peu partout en France, on trouve des territoires ruraux dans lesquels l'emploi industriel représente plus de 30 % des emplois. »
Caroline Granier

Part de l'emploi salarié de l'industrie dans l'emploi salarié par commune en 2020

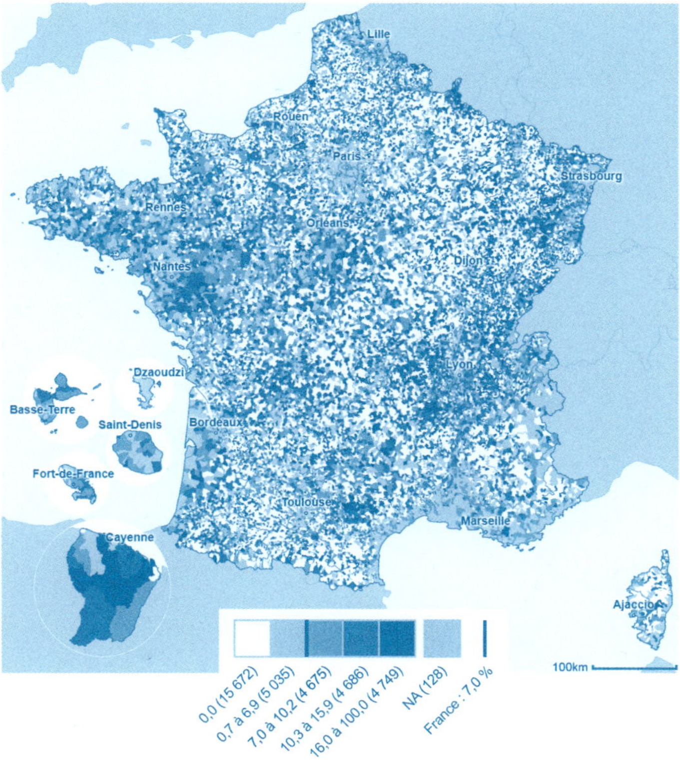

Source : observatoire des Territoires, ANCT 2023 — IGN Admin Express

« Le Temps I du programme Territoires d'industrie ayant été considéré comme un succès, ce programme a été reconduit sur la période 2023-2027, avec de nouveaux territoires. »

Camille Étévé

Localisation des 183 Territoires d'industrie

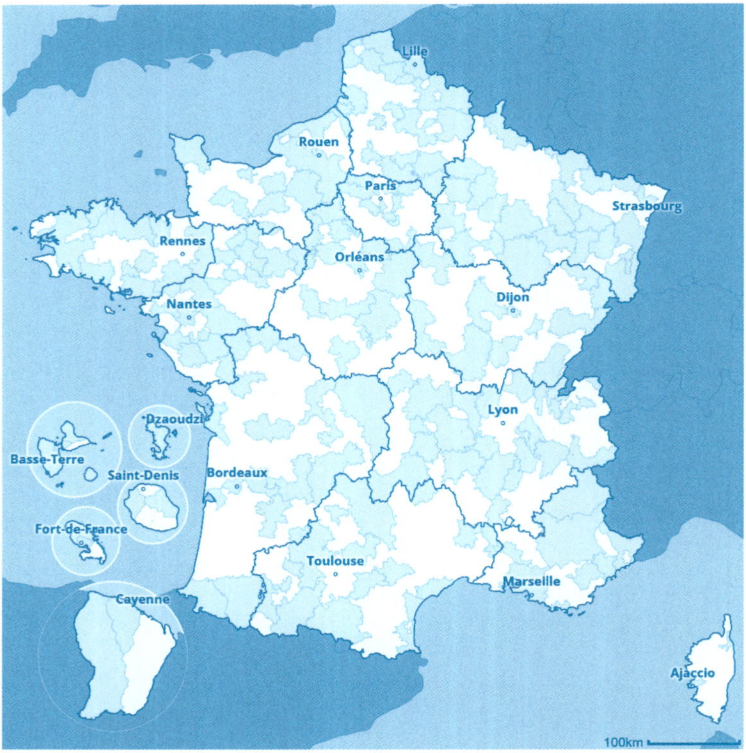

Source : observatoire des Territoires, ANCT 2023 — IGN Admin Express

« Comme notre territoire n'est qu'à une soixantaine de kilomètres de Paris, nous avons travaillé avec les élus locaux et les autres entreprises de notre zone industrielle pour mettre en place des mesures facilitant l'implantation de nos collaborateurs, comme le fait de réserver des places de crèche, de garderie ou d'école, ou encore de mobiliser des agences immobilières pour qu'elles leur proposent des logements. »

Élisabeth Klein

Top 5 des critères d'implantation des entreprises en Île-de-France, tous secteurs confondus

1. La disponibilité d'une solution d'accueil adaptée dans sa superficie son agencement et les équipements, située dans une zone dédiée à l'accueil d'activités similaires (par exemple, une zone industrielle, une pépinière).

2. L'accessibilité à un axe autoroutier, une gare, un aéroport, un port, des transports en commun.

3. Un bassin d'emplois adapté avec une main-d'oeuvre disponible formée. À noter que ce critère est d'autant plus important pour les projets de reprise d'entreprise avec des aides financières à la clé.

4. Un accès au très haut débit.

5. La disponibilité des aides financières, notamment dans le cas de création de site ou d'entreprise et des projets très mobiles pour lesquels l'attractivité des coûts est primordiale.

Autres critères : la souplesse des conditions de location, la présence d'une filière économique structurée, la qualité de vie, les services d'accompagnement des territoires…

Source : Ancoris

Note : Les résultats des données Ancoris sur l'Île-de-France recoupent ceux obtenus par Paulette Duarte, Sylvie Duvillard, Nicolas Gillio et Thierry Petit dans le cadre d'entretiens menés auprès de dirigeants d'entreprises répartis dans trois territoires (deux en Île-de-France et un en région Rhône-Alpes) sur leur besoin en foncier et en immobilier. Pour en savoir plus : Duarte, P. *et al.* (2024), *Foncier industriel et stratégies publiques locales : une articulation imparfaite*, Les Notes de La Fabrique, Presses des Mines.

Partie III – La très coûteuse décarbonation de l'industrie

Aux ambitions de réindustrialisation de la France s'ajoute l'objectif de neutralité carbone en 2050 qui postule la décarbonation de nos industries. C'est sans doute là que se situe le véritable défi de la réindustrialisation, rappellent Ulrike Steinhorst et Pierre-André de Chalendar.

Ulrike Steinhorst : « D'ici 2050, Valeo aura réduit ses émissions de GES de 90 % sur les trois scopes »

Ulrike Steinhorst, administratrice de Valeo entre 2011 et 2024[22], revient sur la stratégie de l'équipementier automobile en matière de décarbonation.

La longue et profonde transformation de l'industrie automobile

Le secteur de la mobilité routière est responsable de près de 20 % des émissions de gaz à effet de serre à l'échelle mondiale et représente donc un levier majeur de décarbonation. Pour participer à cet effort, l'industrie automobile vit depuis quelques années la plus grande transformation de son histoire. Passer de la propulsion thermique à l'électrique demande des efforts technologiques et financiers considérables. L'industrie automobile est un écosystème mondialisé, une chaîne de valeur dont les segments sont interdépendants – de la conception du produit à la production, l'assemblage puis sa commercialisation. Il faut donc regarder l'ensemble de cet écosystème pour adopter une stratégie efficace. En 2023, 82 millions de voitures ont été vendues dans le monde dont seulement 10 % étaient électriques. Au total, 1,8 milliard de voitures, pour l'essentiel encore à moteur thermique, sont en circulation. Cela montre bien que le chemin sera long.

22 – Ulrike Steinhorst a quitté le conseil d'administration de Valeo le 23 mai 2024 et ne s'exprime donc plus au nom du groupe. Tous les chiffres cités par Mme Steinhorst émanent d'un rapport sur le climat publié par Valeo en 2021 et des rapports d'activité annuels.

L'engagement de Valeo en faveur de la décarbonation

Valeo est un équipementier automobile qui possède 175 sites de production répartis dans 29 pays dont 23 en France, ainsi que 66 sites de R&D dont 14 en France. À son arrivée à la tête du groupe, il y a dix ans, Jacques Aschenbroich a décidé de faire de la réduction des émissions de GES (gaz à effet de serre) l'un de ses axes stratégiques et un vecteur de croissance de Valeo. Ceci l'a conduit à restructurer son portefeuille de produits afin de répondre aux exigences d'une mobilité durable, décarbonée et plus sûre. Cette transformation a demandé un effort d'adaptation majeur et a mobilisé des investissements très importants. Aujourd'hui, 60 % du chiffre d'affaires de Valeo – soit 13 milliards d'euros en 2023, sur un total de 22 milliards – vient de produits contribuant à la réduction des émissions de GES, notamment à travers l'électrification des véhicules.

En février 2021, le groupe a présenté un plan de décarbonation à horizon 2050, baptisé Cap 50, avec des objectifs intermédiaires pour 2025 et 2030. D'ici 2030, Valeo veut réduire de 75 % ses émissions de GES sur les scopes 1 (émissions directes liées aux processus industriels) et 2 (émissions indirectes liées à l'énergie nécessaire au fonctionnement des usines), par rapport à l'année 2019. Le groupe a provisionné pour cela un montant de l'ordre de 400 millions d'euros. Par ailleurs, Valeo souhaite réduire de 15 % d'ici 2030 ses émissions sur le scope 3 amont, c'est-à-dire sur l'extraction et la transformation des matières premières (aluminium, résines, acier), la production chez ses 6 000 fournisseurs et les transports vers les sites de Valeo. Le groupe entend également réduire de 15 % ses émissions du scope 3 aval, liées à l'utilisation de ses technologies lorsqu'elles sont embarquées dans les voitures, et ce jusqu'à leur fin de vie. L'objectif pour 2050 est de réduire de 90 % les émissions de GES sur les trois scopes et de compenser les 10 % restants afin de parvenir à la neutralité carbone.

L'ensemble de ces objectifs a été validé par SBTi (Science Based Targets initiative), un programme créé en 2015, dans le contexte de la COP21, né de la collaboration de plusieurs institutions : le CDP (Carbon

Disclosure Project), le Pacte mondial des Nations unies, le World Ressources Institute et le WWF (Fonds mondial pour la nature). SBTi a pour mission de vérifier l'adéquation des objectifs de réduction des émissions que se fixent les entreprises avec les recommandations du Giec basées sur des données scientifiques.

En outre, Valeo a mis en place le suivi par un tiers, le CDP, de ses résultats en matière de décarbonation et de ceux de ses fournisseurs. Aujourd'hui, les résultats audités sont parfaitement en ligne avec la trajectoire de réduction des GES définie par le plan CAP50, voire au-delà.

Le prix de l'énergie au cœur de la guerre des prix sur les automobiles électriques

Valeo n'est pas un gros consommateur d'électricité et il est donc moins concerné que d'autres industriels par l'augmentation des tarifs. En revanche, alors que la réglementation européenne impose l'arrêt des ventes de véhicules thermiques neufs en 2035, et que Valeo a lourdement investi pour offrir les composants nécessaires à l'électrification des véhicules, en consacrant notamment 9 % de son chiffre d'affaires à la R&D, le marché ne décolle pas encore.

Les constructeurs européens sont confrontés à la concurrence des constructeurs chinois et américains qui bénéficient de prix de l'énergie avantageux et qui sont en outre lourdement subventionnés. De la sorte, pour les voitures électriques du segment C[23], la différence de prix entre une voiture chinoise et une voiture européenne est d'environ 7 000 euros, ce qui est considérable. Les équipementiers sont pris en ciseaux entre l'augmentation des prix des matières premières, une réglementation très contraignante qui impose un effort financier et technologique majeur, et le fait que les voitures électriques européennes ne rencontrent pas le marché espéré en raison de leur prix trop élevé.

23 – Sur le marché automobile, le segment C comprend les berlines compactes telles que la Peugeot 308, La Renault Megane ou la Golf de Volkswagen.

Pierre-André de Chalendar : « Une industrie française décarbonée suppose l'accès à une électricité abordable »

Pour l'ancien dirigeant de Saint-Gobain, Pierre-André de Chalendar, par ailleurs coprésident de La Fabrique de l'industrie, l'accès à une électricité décarbonée et abordable est une condition *sine qua non* à l'émergence d'une industrie forte et décarbonée en France.

Une contrainte et une opportunité pour Saint-Gobain

J'ai passé trente-cinq ans chez Saint-Gobain, dont quinze en tant que P-DG. À l'occasion de la COP21, en 2015, beaucoup d'entreprises ont pris conscience que la réduction des émissions de gaz à effet de serre (GES) était une contrainte mais aussi une opportunité. C'est encore plus vrai pour Saint-Gobain, qui est un émetteur significatif de GES car on ne sait fabriquer ni du verre ni des plaques de plâtre sans dépenser d'énergie. Mais, tout en rappelant que le bâtiment représente aujourd'hui 40 % des émissions totales de la planète, Saint-Gobain est aussi un pourvoyeur de solutions pour la rénovation énergétique des bâtiments, dont j'ai fait l'axe stratégique du groupe. Le groupe a calculé par exemple que, en fonction de la zone géographique où un double vitrage est installé, ce dernier permet d'économiser entre 100 et 150 fois la quantité d'émissions qui a été nécessaire pour le fabriquer.

D'ailleurs, entre parenthèses, la taxonomie européenne[24] ne prend pas en compte – ou très marginalement – le fait qu'un acteur comme Saint-Gobain qui émet massivement des GES est en même temps un acteur essentiel de la décarbonation de l'économie. Nos investisseurs l'ont compris, mais je ne suis pas sûr que les banques puissent opposer ce type d'argument au superviseur des banques européennes.

La taxe carbone aux frontières risque de compromettre la réindustrialisation

Toutes les entreprises sont confrontées, dans des proportions variables, à cette combinaison d'opportunités et de défis. Les politiques publiques peuvent s'appuyer sur deux grands outils pour les inciter à contribuer à la décarbonation : les prix et la réglementation.

Dans le domaine de la mobilité et du bâtiment, elles recourent principalement à la réglementation, avec un problème majeur dans le cas de la France : l'évolution régulière des règles. Par exemple, les règles d'attribution de MaPrimeRénov', une aide de l'État destinée aux propriétaires souhaitant réaliser des travaux de rénovation énergétique au sein de leur logement, ont changé plusieurs fois en deux ans ! Cela met en difficulté les fournisseurs de solutions de rénovation énergétique (laine de verre pour isoler les combles, pompes à chaleur...), qui tantôt se retrouvent en surproduction, tantôt n'arrivent plus à fournir. Visibilité et stabilité sont pourtant essentielles pour l'industrie.

En ce qui concerne la demande industrielle, l'incitation passe en général par le signal prix, en l'occurrence par la taxe carbone qui a été instaurée

---

24 – La taxonomie est un système de classification des activités économiques permettant d'identifier celles « qui n'aggravent pas le changement climatique ». Lancée par la Commission européenne en 2018, elle doit orienter les investissements vers les activités favorables à la transition énergétique et écologique, de façon à mobiliser les investissements privés en faveur de l'atteinte de la neutralité carbone en 2050.

en Europe. L'idéal serait que la même taxe soit appliquée partout dans le monde mais tel n'est pas le cas. En attendant, l'Union européenne a décidé d'appliquer la taxe carbone à ses frontières[25]. Cette taxe est une très bonne idée en théorie mais risque d'être contre-productive en pratique, dans la mesure où elle ne s'applique qu'à quelques produits. Par exemple, l'acier fait l'objet d'une taxe carbone aux frontières, mais pas les automobiles, si bien que les constructeurs européens vont être durement pénalisés.

Cette mesure sera d'autant moins performante que les États-Unis et la Chine ont adopté la stratégie inverse. Au lieu de taxer les émissions de carbone, ils ont décidé de subventionner les énergies décarbonées, ce qui a pour effet de créer un énorme différentiel entre le prix de l'énergie en Europe, d'un côté, et aux États-Unis et en Chine, de l'autre. Le groupe Saint-Gobain ne sera pas vraiment concerné car ses produits ne voyagent pas beaucoup, dans la mesure où leur coût de transport est largement supérieur à leur coût de fabrication. Beaucoup de secteurs, en revanche, vont être impactés par ce phénomène, qui risque de compromettre les efforts de réindustrialisation de notre pays.

Le besoin d'une électricité décarbonée, abondante et moins chère que l'énergie fossile

Selon l'heureuse formule de Benoît Bazin, mon successeur à la tête de Saint-Gobain, *« Nous devons maximiser notre impact positif et minimiser notre empreinte »*, c'est-à-dire vendre de plus en plus de produits permettant

25 – Le Mécanisme d'ajustement carbone aux frontières (MACF) est entré en vigueur début 2023. Il permet de taxer, dans les secteurs les plus émetteurs (fer et acier, ciment, engrais, aluminium, électricité.), les importations de marchandises depuis des pays tiers aux normes moins strictes en matière d'émissions de gaz à effet de serre. Concrètement, les importateurs doivent s'acquitter d'un certificat MACF dont le montant équivaut aux émissions intrinsèques de CO_2 des biens importés monnayées au prix européen du carbone. Le MACF, qui sera étendu à d'autres secteurs, est associé à la suppression progressive des quotas gratuits pour les industriels européens couverts par le système d'échange de quotas d'émission de l'UE.

de décarboner le bâtiment et transformer nos process pour réduire nos émissions de GES. Cela peut notamment passer par des économies d'énergie et par la décarbonation de l'énergie utilisée.

Le groupe a déjà beaucoup agi pour réduire sa consommation d'énergie mais il sera difficile de fabriquer du verre à une température inférieure à 1 200 °C. La seule véritable option, comme dans beaucoup d'autres industries, consiste donc à décarboner l'énergie, c'est-à-dire à électrifier les process. C'est pourquoi la décarbonation de l'industrie ne sera possible que si les industriels disposent d'une électricité à la fois décarbonée, abondante et moins chère que l'énergie fossile.

Par exemple, la laine de verre peut être produite avec des fours à gaz ou avec des fours électriques. En France, où l'électricité est décarbonée, nous utilisons des fours électriques. En Allemagne, où l'électricité est produite, pour plus d'un quart, à partir du charbon, nous recourons à des fours à gaz.

Pour utiliser des fours électriques, il faut également que l'électricité soit abondante. C'est le cas en France mais encore faut-il que l'électricité puisse être acheminée vers les sites de production, ce qui va nécessiter un énorme investissement dans les réseaux. À Pont-à-Mousson, par exemple, où nous produisons des tuyaux en fonte, nous devrons patienter des années pour obtenir une nouvelle ligne électrique car d'autres usines plus grosses que la nôtre sont prioritaires.

Enfin, il faut que l'électricité soit moins chère que l'énergie fossile, et c'est là que le bât blesse en France. Saint-Gobain est le leader mondial de la plaque de plâtre, dont le procédé est très consommateur d'énergie puisqu'il nécessite de sécher et mouiller plusieurs fois le plâtre. La plupart de nos séchoirs fonctionnent au gaz mais, depuis 2019, nous savons électrifier nos usines. En France, nos trois sites de production fonctionnent au gaz. Les deux usines électriques que nous sommes en train de mettre en route se trouvent en Norvège et au Canada, où nous disposons d'une électricité hydraulique, donc décarbonée, qui est également abondante.

En France, le prix du gaz se situe environ à 30 euros par MWh. Le prix de la tonne de carbone émise est lui d'environ 80 euros, ce qui représente 20 euros par MWh. Cela nous coûte donc au total de 50 euros par MWh de gaz. Pour qu'il soit envisageable de basculer vers l'électricité, il faudrait que celle-ci coûte environ 50 euros par MWh, sachant que les équipements fonctionnant à l'électricité ont un meilleur rendement que ceux utilisant du gaz. Or, Nicolas Dufourcq a expliqué qu'EDF ne parviendrait pas à proposer aux industriels un prix inférieur à 70 euros par MWh. Le calcul est vite fait. Aucun industriel ne peut se permettre de réaliser des investissements dont le *pay-back* sera négatif.

Pour que l'équation fonctionne, il faudrait que le prix de la tonne de carbone passe de 80 euros à 250 euros. En attendant, même si le gouvernement promet aux industriels de les aider à électrifier leurs process, il ne trouvera pas beaucoup de candidats, en tout cas chez les gros consommateurs d'énergie, et encore moins chez ceux dont les produits peuvent voyager comme les producteurs d'acier.

La décarbonation des process chez Saint-Gobain

Malgré ces difficultés, Saint-Gobain poursuit son effort de décarbonation de ses process. Pour réduire nos émissions sur le scope 1, le groupe mise sur les économies d'énergie ou sur les changements de process.

Pour réduire par ailleurs les émissions du scope 2, il achète de l'électricité décarbonée à des producteurs d'énergie éolienne ou solaire. Plus de 100 millions d'euros sont alloués à la décarbonation chaque année. Je suis donc convaincu que le groupe tiendra son objectif intermédiaire pour 2030 de baisser de plus de 33 % ses émissions carbone par rapport à 2017. En ce qui concerne 2050 et la neutralité carbone, une évolution des politiques publiques sera en revanche nécessaire.

Pour aller plus loin

« Alors que Valeo a lourdement investi pour offrir les composants nécessaires à l'électrification des véhicules, en consacrant notamment 9 % de son chiffre d'affaires à la R&D, le marché ne décolle pas encore. »

Ulrike Steinhorst

Part de chaque type de motorisation dans les ventes de véhicules particuliers neufs dans l'Union européenne

	2018	2019	2020	2021	2022
Essence	55,6 %	57,8 %	47,5 %	39,9 %	36,4 %
Diesel	36,7 %	31,6 %	27,9 %	19,6 %	16,4 %
Électrique	1 %	1,9 %	5,4 %	9,1 %	12,1 %
Hybride	4 %	5,7 %	11,9 %	19,8 %	22,6 %
Hybride rechargeable	0,9 %	1,1 %	5,1 %	8,9 %	9,4 %
Autres (GPL, GNV, hydrogène)	1,8 %	2 %	2,1 %	2,8 %	3 %

Source : ACEA

« Au lieu de taxer les émissions de carbone, les États-Unis et la Chine ont décidé de subventionner les énergies décarbonées, ce qui a pour effet de créer un énorme différentiel entre le prix de l'énergie en Europe, d'un côté, et aux États-Unis et en Chine, de l'autre. (…) Beaucoup de secteurs vont être impactés par ce phénomène, qui risque de compromettre les efforts de réindustrialisation de notre pays. »

Pierre-André de Chalendar

Emplois menacés en France par le prix de l'énergie et le MACF

	Maintien durable des prix de l'électricité et du gaz au double de leurs niveaux antérieurs	Suppression des quotas gratuits du fait de la mise en place du MACF	Total
Emplois menacés du fait de la perte de profit	**Total : 74 500**	**Total : 26 000**	**Total : 100 500**
	Métallurgie : 4 400	Métallurgie : 7 000	Métallurgie : 11 400
	Chimie : 13 100	Chimie : 7 000	Chimie : 20 100
	Pts mx nm (**) : 6 200	Pts mx nm : 3 100	Pts mx nm : 9 300
	Papier : 9 600	Papier : 700	Papier : 10 300
Emplois menacés du fait de l'augmentation des prix	**Total : 41 500**	**Total (*) : 1 500**	**Total : 43 000**
	Métallurgie : 6 300	Métallurgie : 40	Métallurgie : 6 340
	Chimie : 8 900	Chimie : 20	Chimie : 8 920
	Pts mx nm : 2 800	Pts mx nm : 10	Pts mx nm : 2 810
	Papier : 1 500	Papier : -	Papier : 1 500
Total	**Total : 116 000**	**Total : 27 500**	**Total : 143 500**
	Métallurgie : 10 700	Métallurgie : 7 040	Métallurgie : 17 740
	Chimie : 22 000	Chimie : 7 020	Chimie : 29 020
	Pts mx nm : 9 000	Pts mx nm : 3 110	Pts mx nm : 12 110
	Papier : 11 100	Papier : 700	Papier : 11 800

Source : La Fabrique de l'industrie

(*) hors volumes d'emplois menacés au grand export pour les secteurs aval
(**) Produits minéraux non métalliques

Note : La Fabrique de l'industrie a estimé les volumes d'emplois industriels menacés en France, du fait de trois phénomènes cumulatifs : un doublement des prix de l'électricité et du gaz en Europe, une introduction immédiate du MACF avec un prix de la tonne de CO_2 à 100 euros (et la suppression des quotas gratuits), et les subventions américaines de l'IRA. Tous les chiffres s'entendent en effectifs salariés en équivalent temps plein, sur le périmètre de l'industrie manufacturière.

« Pour réduire nos émissions sur le scope 1, le groupe mise sur les économies d'énergie ou sur les changements de process. »

Pierre-André de Chalendar

Les leviers de réduction des émissions directes des grandes entreprises

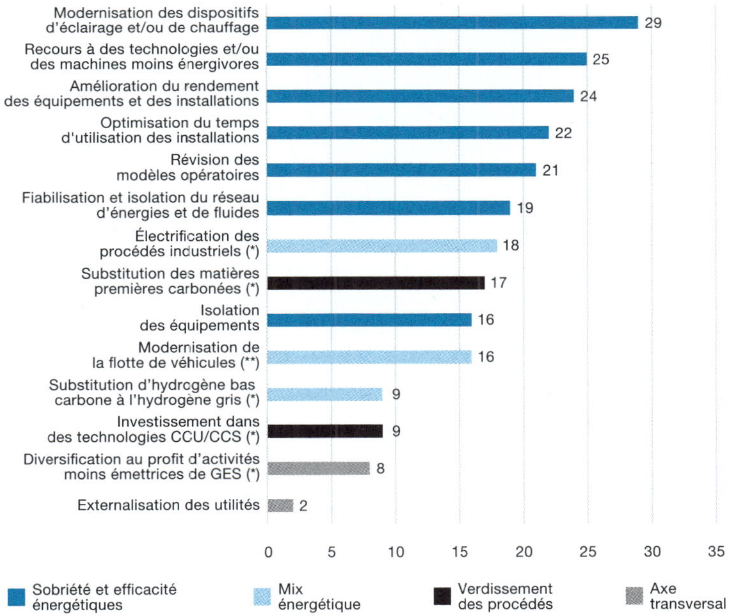

Source : La Fabrique de l'industrie-KPMG, enquête 2023 (29 réponses, choix multiples). (*) 30 réponses / (**) 28 réponses

Émissions directes de l'industrie manufacturière et émissions importées pour consommations intermédiaires de la France en 1995 et en 2021 (Mt éq. CO_2)

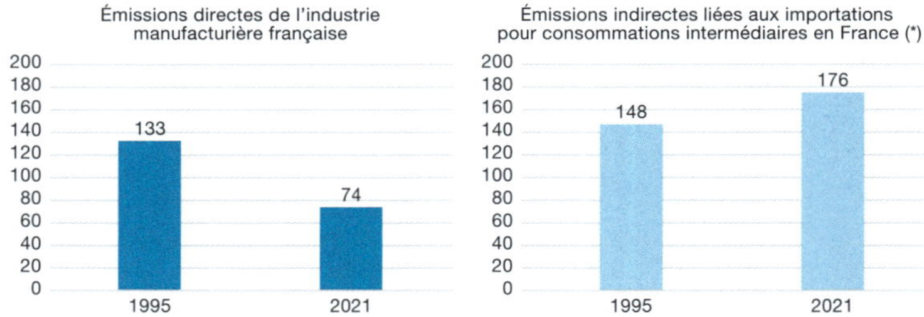

Source : Citepa

Source : SDES d'après Citepa, Eurostat, Insee, Douanes, AIE, FAO

(*) Les émissions importées pour consommations intermédiaires estimées par le SDES ne correspondent pas tout à fait aux émissions de scope 3 amont de l'industrie française car elles peuvent émaner des entreprises industrielles comme des entreprises non industrielles.

Les freins des plans de transition énergétique des grandes entreprises

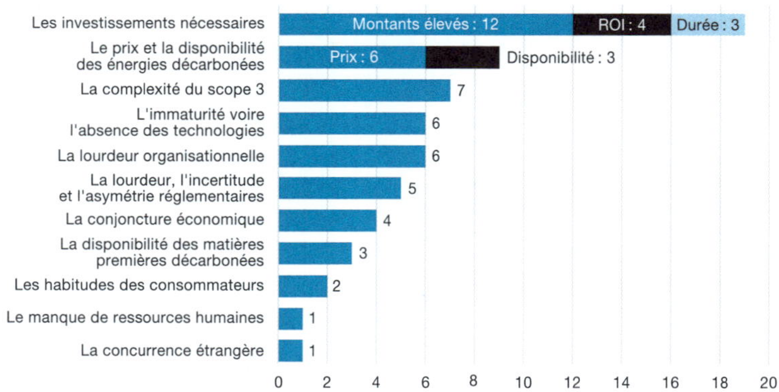

Source : La Fabrique de l'industrie-KPMG, enquête 2023 (32 réponses, réponses libres ; résultats regroupés par analyse textuelle).

Toutes ces données sont à retrouver dans l'étude d'Ahmed Diop et David Lolo, *Les grandes entreprises sur la voie de la sobriété énergétique*, Les Notes de La Fabrique, Presses des Mines, 2023.

Annexe

Biographie des intervenants

Diplômé de l'ESSEC et de l'ENA, ancien inspecteur des Finances, **Pierre-André de Chalendar** a été adjoint du directeur général chargé de l'Énergie et des Matières premières au ministère de l'Industrie. Il est ensuite entré en 1989 à la Compagnie de Saint-Gobain comme directeur du plan. Il y a occupé différents postes avant d'être nommé directeur général délégué en mai 2005, puis élu administrateur en 2006. Il est nommé P-DG en 2010, fonction qu'il exerce jusqu'en 2021. De 2021 à 2024, Pierre-André de Chalendar était président du conseil d'administration de Saint-Gobain. Il en est aujourd'hui le président d'honneur.
Pierre-André de Chalendar est coprésident de la Fabrique de l'industrie depuis 2017 et président de l'Institut de l'entreprise depuis 2023. Il est par ailleurs administrateur de Veolia et de Bpifrance.

Diplômé de HEC et de l'ENA, **Nicolas Dufourcq** a commencé sa carrière au ministère de l'Économie et des Finances puis au ministère de la Santé et des Affaires Sociales en 1992. En 1994, il rejoint France Telecom, où il crée la division multimédia, avant de présider Wanadoo, filiale de France Telecom pour l'Internet et les Pages Jaunes. En 2003, il entre chez Capgemini, où il occupe plusieurs postes avant de devenir, en 2005, directeur général adjoint du groupe. Depuis 2013, Nicolas Dufourcq est directeur général de Bpifrance, la banque publique d'investissement.

Diplômée d'HEC, **Camille Etévé** a commencé sa carrière dans l'industrie pharmaceutique au sein du groupe URGO. Elle a ensuite été chargée de missions pour Veolia Transport aux États-Unis puis cheffe de missions en conseil en stratégie pour Bain & Company (en France et en Australie). Elle est entrée à la Caisse des Dépôts en 2012, où elle a d'abord piloté des opérations de fusion-acquisition avant de rejoindre la Banque des territoires en 2020 où elle pilote aujourd'hui les activités relatives à l'industrie.

Diplômé d'HEC et de l'ENA, **Louis Gallois** a commencé sa carrière dans l'administration publique, à la direction du Trésor. Il a occupé ensuite plusieurs postes dans les ministères dont celui de directeur de cabinet de Jean-Pierre Chevènement, alors ministre de la Recherche et de la Technologie et de directeur général de l'Industrie. Il devient ensuite successivement P-DG de la Snecma (1989), d'Aérospatiale (1992), président de la SNCF (1996), président exécutif d'EADS (2007), devenu Airbus, et enfin président du conseil de surveillance de PSA, devenu Stellantis (2014-2021). Louis Gallois est coprésident de la Fabrique de l'industrie depuis sa création en 2011.

Sarah Guillou est économiste à l'Observatoire français des conjonctures économiques (OFCE), centre de recherche en économie de SciencesPo. Sarah Guillou est aujourd'hui directrice du département Innovation et concurrence à l'OFCE. Docteure en sciences économiques depuis 2002, elle enseigne à Sciences Po Paris l'économie internationale et l'économie publique et participe au débat public par ses recherches sur la politique industrielle et la compétitivité des entreprises.

Docteure en sciences économiques, **Caroline Granier** est cheffe de projet à La Fabrique de l'industrie et coordinatrice des activités de l'observatoire des Territoires d'industrie. Ses recherches portent sur les dynamiques territoriales, la gouvernance d'entreprise et l'économie circulaire. Elle a travaillé auparavant sur la géographie des activités financières et la finance durable.

Après des études de droit et de magistrature, **Élisabeth Klein** a intégré en 1985 la société Bouclage Mécanique Industriel (BMI) pour un travail d'étudiante. Elle ne l'a plus quittée. En 1989, elle prend en charge la partie comptable et administrative de l'entreprise tout en se formant à la comptabilité en externe. En 2008 et 2009, l'entreprise est mise à mal par la crise économique. Opposée à son rachat par le responsable Fabrication pour 1 euro symbolique, Élisabeth Klein propose un suivi avec un administrateur qui, au terme de quelques mois, la nomme directrice générale. En 2011, pour assurer sa pérennité et son développement, BMI est cédé au groupe SFAM/Metalians, et devient CFT Industrie, avec l'aval de tous les collaborateurs. Élisabeth Klein conserve la partie comptable,

RH et financière de l'entreprise, puis lui sont confiées en plus, la qualité et la responsabilité du site.

Dorothée Kohler est docteure en géographie à l'université Panthéon Sorbonne et titulaire d'un DESS en urbanisme à l'institut d'études politiques de Paris. Elle commence sa carrière au centre Marc Bloch à Berlin. En 2001, elle rejoint la direction de la communication d'Usinor puis elle évolue vers des fonctions de *general manager* au sein du segment Aciers inoxydables du groupe ArcelorMittal et du segment Asia, Africa, CTO, Projects. En 2009, elle fonde le cabinet de conseil en organisation et en stratégie, KOHLER Consulting & Coaching. Depuis 15 ans elle accompagne, avec son associé Jean-Daniel Weisz, les PME et ETI dans leur processus de transformation. Ils ont coécrit plusieurs ouvrages sur le *Mittelstand* et l'industrie 4.0.

Diplômée d'HEC et de l'ENA, titulaire d'un DEA de droit public, **Ulrike Steinhorst** a une longue expérience en entreprise notamment chez EDF, Degussa/Evonik et EADS/Airbus, avec une carrière tournée vers l'international à forte dominante industrielle et stratégique. Elle est fondatrice d'une société de conseil, Nuria Consultancy, qu'elle dirige depuis 2017. En parallèle de ses activités de conseil, elle a été administratrice indépendante de plusieurs sociétés industrielles cotées – Valeo (2011-2024), Mersen (2013-2023) et Albioma (2017-2022). En 2023, elle rejoint Universcience Partenaires comme déléguée générale, une fondation d'entreprises qui soutient les musées scientifiques, notamment la Cité des sciences et de l'industrie et le nouveau Palais de la découverte à Paris.